浙江智库
ZHEJIANG
THINK TANK

求是智库
ZJU Think Tank

The 2020 Zhejiang
Financial Development Report

浙江金融发展报告

——蓝皮书（2020）——

陈国平　史晋川◎总主编

汪　炜　章　华◎主　编

ZHEJIANG UNIVERSITY PRESS
浙江大学出版社

本书编委会

编写单位　浙江省金融业发展促进会

　　　　　　浙江大学金融研究院

　　　　　　浙江省金融研究院

总 主 编　陈国平　史晋川

副总主编　（按姓氏笔画为序）

　　　　　　田向阳　包祖明　张雁云　殷兴山　盛益军

主　　编　汪　炜　章　华

编委会委员　（按姓氏笔画为序）

　　　　　　丰秋惠　王义中　杨柳勇　余津津　陈　姝

　　　　　　陈　桦　陈颖琼　邵　立　金　涛　周钰佳

　　　　　　胡迪明　贺　聪　徐子福　高　强　唐成伟

　　　　　　常　青　韩　薇　魏　佳

前　言

　　《浙江金融发展报告——蓝皮书(2020)》是按照浙江省委、省政府编写全面反映浙江金融发展情况的报告要求,由浙江省金融业发展促进会、浙江大学金融研究院和浙江省金融研究院落实编制的地方金融重要文献资料。2020年的浙江省金融发展报告得到了浙江省地方金融监督管理局、中国人民银行杭州中心支行、中国银保监会浙江监管局、中国证监会浙江监管局、浙江省股权投资行业协会等相关部门的大力支持和帮助,凝聚了所有参编单位的心血。

　　本报告共分三篇。第一篇为金融经济运行综合报告,由两个总报告组成,分别是《2019年度浙江省金融运行报告》和《2019年度浙江省地方金融业改革与发展报告》,反映浙江省金融业在2019年的整体发展水平和地方金融改革进展。第二篇为金融行业类别报告,以银行业、证券业、保险业、小额贷款行业、股权投资行业五个行业领域的分报告为主体,较为全面地反映了2019年浙江省金融业子行业的发展情况。第三篇为金融热点问题研究,以反映浙江省地方金融发展特色亮点为宗旨,采用点面结合的分析视角,总结回顾宁波普惠金融改革、台州小微企业金融改革、丽水农村金融改革、衢州和湖州绿色金融改革,以及浙江省银行业、保险业绿色金融实践工作进展及成果。

　　值得一提的是,在浙江省社科联的领导和大力支持下,浙江大学金融研究院作为浙江省金融类智库唯一代表,于2018年底入选浙江省新型重点培育智库,这对金融类政策咨询工作提出了更高的要求。经过相关团队的努力,2019年有多篇咨询要报获得浙江省领导的关注,成为研究院工作的一大亮点。2020年度的《浙江金融发展报告——蓝皮书》选取了其中有代表性的三篇咨询要报,分别是《台州小微金融改革经验与启示》《关于推动发展浙江省"区块链+供应链"金融的政策建议》和《关于进一步加强浙江省金融标准化建设的政策建议》,以期更好地推动相关智库咨询工作的开展。

浙江省金融业发展促进会

浙江大学金融研究院

浙江省金融研究院

目 录

金融经济运行综合报告

金融行业类别报告

金融热点问题研究

金融经济运行综合报告

第一章　2019年度浙江省金融运行报告

2019年,浙江省坚持稳中求进工作总基调,以供给侧结构性改革为主线,坚持"八八战略"[①]再深化、改革开放再出发,突出稳企业、增动能、保平安,聚焦聚力高质量发展、竞争力提升、现代化建设,扎实开展"服务企业、服务群众、服务基层"活动,经济社会发展再上新台阶。经济运行总体平稳,全年实现地区生产总值6.2万亿元,增长6.8%,居全国第四位,人均生产总值107625元,同比增长5%。浙江省金融业紧紧围绕服务实体经济和供给侧结构性改革,认真贯彻稳健的货币政策,有力落实逆周期调节,为浙江省经济社会发展营造适宜的金融环境。2019年末浙江省本外币贷款余额同比增长15.1%,民营和小微企业金融服务不断改善,不良贷款保持"双降"态势,多层次资本市场持续完善。

展望未来,浙江经济已由高速增长阶段转向高质量发展阶段,机遇与挑战并存。一方面,浙江经济增长总体好于全国、领跑东部,数字经济"一号工程"[②]深入实施,新动能不断增强,结构调整稳步推进,营商环境持续优化,市场活力不断增强。疫情防控和企业复工复产两手抓、两手硬,经济继续保持长期向好的基本面。另一方面,经济持续向好的基础还不牢固,经济形势仍较严峻、外部环境复杂,工业产销保持稳定增长的基础还不稳固,部分行业、企业经营困难,外贸出口波动较大,不确定因素较多。预计2020年浙江

---

① "八八战略"是2003年时任浙江省委书记习近平同志提出的浙江发展的八个优势和面向未来发展的八项举措。

② 数字经济"一号工程"是浙江省委、省政府推动高质量发展、提高竞争力、迈向现代化、实现"两个高水平"的重大战略决策。

经济将保持平稳增长，结构继续改善，新动能加快成长，企业效益改善。金融支持民营和小微企业力度将进一步加大，经济金融发展的协调性、匹配度进一步提升。

2020年是全面建成小康社会和"十三五"规划收官之年。中国人民银行杭州中心支行继续以习近平新时代中国特色社会主义思想为指导，全面贯彻党的十九届四中全会和中央经济工作会议精神，按照人民银行总行部署，在疫情防控常态化的前提下，把经济发展放在更加突出的位置，继续有效贯彻稳健货币政策，加大落实逆周期调节力度，持续优化信贷结构，着力降低融资成本，严守风险底线，进一步提升金融服务经济高质量发展的质效。

一、金融运行情况

2019年，浙江省金融业认真贯彻稳健的货币政策，有力落实逆周期调节，围绕供给侧结构性改革和经济转型升级，切实加大金融服务实体经济力度，浙江省社会融资和信贷总量平稳较快增长，结构不断优化，证券和保险业稳健发展，金融风险防范化解工作成效明显，金融改革持续深化。

（一）银行业稳健运行，信贷保持平稳较快增长

2019年，浙江省银行业金融机构加大支持实体经济力度，积极提升服务质效，信贷总量保持平稳较快增长，信贷投向进一步优化，资产质量明显改善，金融改革持续深化，基本情况如表1-1所示。

表 1-1　2019 年浙江省银行业金融机构情况

机构类别	营业网点			法人机构数/个
	机构数/个	从业数/人	资产总额/亿元	
一、大型商业银行	3759	91261	56351	0
二、国家开发银行和政策性银行	61	1987	9416	0
三、股份制商业银行	1137	34251	28907	0

续表

机构类别	营业网点			法人机构数/个
	机构数/个	从业数/人	资产总额/亿元	
四、城市商业银行	1891	53449	34023	13
五、城市信用社	—	—	—	—
六、小型农村金融机构	4054	51308	28816	82
七、财务公司	11	470	1715	10
八、信托公司	5	1407	361	5
九、邮政储蓄	1727	9371	4668	0
十、外资银行	29	823	553	0
十一、新型农村机构	308	6440	1039	81
十二、其他	8	1364	2326	6
合计	12990	252131	168172	197

数据来源:中国银保监会浙江监管局。

注:营业网点不包括国家开发银行和政策性银行、大型商业银行、股份制银行等金融机构总部;大型商业银行包括中国工商银行、中国农业银行、中国银行、中国建设银行和交通银行;小型农村金融机构包括省农信联社本级、农村商业银行、农村合作银行和农村信用社;新型农村机构包括村镇银行、贷款公司和农村资金互助社;"其他"包含金融租赁公司、汽车金融公司、货币经纪公司、消费金融公司等。

一是资产负债平稳增长。2019 年末,浙江省银行业金融机构本外币资产和负债总额同比分别增长 11.3% 和 11.2%,增幅分别比上年提高 3.2 个和 3.7 个百分点。

二是存款保持较快增长,住户存款拉动较大。2019 年末,浙江省金融机构本外币存款余额 131299 亿元,同比增长 12.7%,增速同比提高 4.1 个百分点;全年新增存款 14727 亿元,同比多增 5535 亿元(见图 1-1、图 1-3)。分类型看,住户存款余额同比增长 15.7%,高于全部存款增速 3.0 个百分点;非金融企业存款余额同比增长 14.9%,高于全部存款增速 2.2 个百分点;广义政府存款同比增长 8.4%,比上年同期回落 3.3 个百分点;非银行业金融机构存款比年初减少 767 亿元,余额同比下降 11.4%。

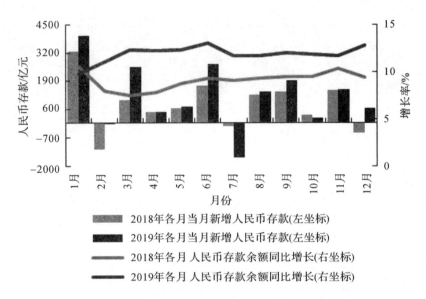

图 1-1 2018—2019 年浙江省金融机构人民币存款增长变化

数据来源：中国人民银行杭州中心支行。

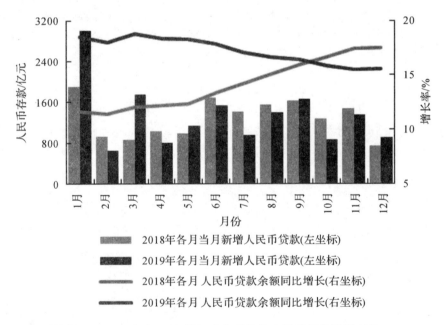

图 1-2 2018—2019 年浙江省金融机构人民币贷款增长变化

数据来源：中国人民银行杭州中心支行。

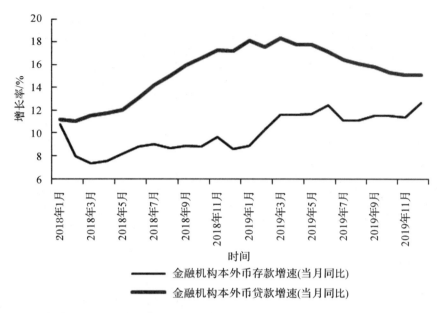

图 1-3 2018—2019 年浙江省金融机构本外币存、贷款增速变化

数据来源:中国人民银行杭州中心支行。

三是贷款保持平稳较快增长,投向进一步优化。2019 年末,浙江省金融机构本外币贷款余额 121751 亿元,比年初新增 15808 亿元,在 2018 年高基数的基础上多增 307 亿元,余额同比增长 15.1%(见图 1-2、图 1-3)。信贷投向持续优化,浙江省民营经济贷款、用于小微企业贷款、制造业贷款分别新增 5011 亿元、4304 亿元、1081 亿元,同比分别多增 1611 亿元、1719 亿元、321 亿元。制造业贷款增速比上年提高 1.4 个百分点,个人住房贷款、政府类贷款增幅同比分别回落 2.7 个、0.3 个百分点。

四是表外理财平稳增长。资管新规等监管政策出台后,银行理财等表外业务逐步规范,增长趋稳。2019 年末,浙江省金融机构表外理财资产余额 9881.4 亿元,同比增长 13.3%。

五是企业贷款利率呈下降趋势。高效稳妥推进贷款市场报价利率(LPR)改革在浙江落地,LPR 改革推动"降成本"效果持续显现(见表 1-2 和表 1-3)。2019 年 12 月,浙江省一般贷款加权平均利率为 6.02%,同比下降 0.08 个百分点。企业贷款平均利率为 5.26%,同比下降 0.27 个百分点,其中，大、中、小微型企业贷款平均利率分别为 4.76％、5.13％和 5.63％，同比分别下降 0.17 个、0.40 个和 0.26 个百分点。执行 LPR 及以下利率的贷款占比 10.3％，执行 LPR 加点利率的贷款占比为 89.7％。

表 1-2　2019 年浙江省金融机构人民币贷款各利率区间占比（LPR 改革前）　单位：％

项目		1 月	2 月	3 月	4 月	5 月	6 月	7 月
合计		100.0	100.0	100.0	100.0	100.0	100.0	100.0
下浮		6.4	8.0	8.5	7.3	6.0	7.3	6.9
基准		10.8	12.5	9.9	10.6	11.1	11.4	10.2
上浮	小计	82.8	79.6	81.6	82.1	82.9	81.3	82.9
	(1.0－1.1]	16.3	16.1	16.7	14.9	16.0	16.4	16.2
	(1.1－1.3]	27.0	23.9	26.8	27.4	27.7	28.1	28.5
	(1.3－1.5]	16.3	14.5	15.3	16.2	15.7	14.5	15.1
	(1.5－2.0)	14.3	14.3	13.6	13.9	13.9	13.1	13.0
	2.0 以上	8.9	10.8	9.2	9.8	9.6	9.7	10.2

数据来源：中国人民银行杭州中心支行。

表 1-3　2019 年浙江省金融机构人民币贷款各利率区间占比（LPR 改革后）　单位：％

项目		8 月	9 月	10 月	11 月	12 月
合计		100.0	100.0	100.0	100.0	100.0
LPR 减点		9.3	8.9	8.5	8.8	9.7
LPR		0.3	0.4	0.2	0.6	0.6
LPR 加点	小计	90.4	90.7	91.3	90.6	89.7
	(LPR,LPR＋0.5％)	18.2	16.7	17.0	18.7	18.8
	(LPR＋0.5％,LPR＋1.5％)	33.4	35.7	33.3	31.9	30.7
	(LPR＋1.5％,LPR＋3.0％)	20.5	20.1	20.7	22.1	23.0
	(LPR＋3.0％,LPR＋5.0％)	8.3	8.8	10.0	9.1	9.7
	(LPR＋5.0％以上)	10.0	9.5	10.3	8.8	7.5

数据来源：中国人民银行杭州中心支行。

六是银行业资产质量持续好转。2019 年，浙江省银行业不良贷款余额和不良贷款率继续保持"双降"态势。2019 年末不良贷款余额 1109.8 亿元,比年初减少99.1亿元;不良贷款率为0.91%,比年初下降0.24个百分点,已达2012年以来新低。全年共处置不良贷款1350.6亿元,同比减少203.4亿元。浙江省小企业不良贷款压降效果显著,不良贷款额比年初下降120.9亿元,对总体企业不良率下降的贡献达76.3%。

七是银行业改革持续深化。政策性银行和国有大型商业银行改革创新持续深化,地方法人金融机构改革取得积极成效,杭州银行和宁波银行理财子公司获批筹建。农村金融机构改革稳步推进,浙江省81家农信社中共有79家改制为农村商业银行,村镇银行基本实现县域全覆盖。浙江网商银行、温州民商银行两家民营银行运行总体稳健。

八是跨境人民币业务稳步发展。2019年,浙江省跨境人民币结算量8327亿元,同比增长42%。全年开展跨境人民币结算企业达1.8万余家,比上年增加3000余家,业务参与面不断扩大。浙江自贸区跨境人民币结算业务快速发展,全年结算量同比增长86%,油品贸易跨境人民币结算便利化试点正式实施。电子商务跨境人民币结算业务稳步增长,全年结算量同比增长14%。

专栏1:浙江省积极推动中小银行发行永续债补充资本

资本不足是当前中小银行信贷投放、支持实体经济的制约因素之一。2019年9月27日和11月6日,国务院金融委分别召开的第八次和第九次会议提出,重点支持中小银行多渠道补充资本,增强服务实体经济和抵御风险的能力。中国人民银行杭州中心支行在人民银行总行的支持和指导下,深入贯彻国务院金融委会议的精神,以永续债为突破口补充中小银行核心资本,提升中小银行信贷投放和抵御风险能力。2019年11月20日,成功推动台州银行发行16亿元永续债,提高资本充足率4个百分点左右,为全国首批发行永续债的城商行。

台州作为全国小微企业金融服务改革试验区,当地城商行专注于服务小微企业,长期保持小微贷款户均余额低和小微信贷不良低。2019年6月,刘鹤副总理在浙江调研期间,充分肯定小微金融的"台州模式"。在人民银行总行的支持下,人民银行杭州中心支行积极推动台州银行城商行首批永续债项目,指导支持台州银行永续债发行各个环节顺利落地。永续债的成功发行,有助于台州银行缓解信贷投放中的资本和资金约束,进一步提升对实体经济,尤其是对民营、小微企业的信贷支持力度;同时增加长期负债和可用风险资产,提高风险抵御能力。

(二)证券业发展稳健,企业上市稳步推进

2019 年,浙江省证券机构体系持续完善,业务规模回升,企业上市融资与并购稳步推进。

一是证券机构体系持续完善。截至 2019 年末,浙江省共有法人证券公司 3 家,证券资产管理公司 2 家,公募基金管理公司 3 家,证券公司分公司 102 家,证券营业部 1021 家,证券投资咨询机构 3 家。期货公司 12 家,期货公司分公司 34 家,期货营业部 216 家(见表 1-4)。

表 1-4　2019 年浙江省证券业基本情况

项目	数量(数额)
总部设在辖内的证券公司数/家	5
总部设在辖内的基金公司数/家	3
总部设在辖内的期货公司数/家	12
年末国内上市公司数/家	458
当年国内股票(A 股)筹资/亿元	1296.0
当年发行 H 股筹资/亿元	—
当年国内债券筹资/亿元	
其中:短期融资券筹资额/亿元	—
中期票据筹资额/亿元	—

注:当年国内股票(A 股)筹资额指非金融企业境内股票融资。
数据来源:中国人民银行杭州中心支行、中国证监会浙江监管局。

二是证券业务规模快速回升。2019 年,浙江省证券经营机构累计代理交易额 42.2 万亿元,同比增长 30.0%;利润总额 29.8 亿元,同比增长

121.7%。浙江省法人证券公司实现营业收入75.3亿元,同比增长49.1%;实现利润总额31.1亿元,同比增长89.4%。法人证券公司核心监管指标满足监管要求,经营稳健性水平保持良好。

三是期货业务规模有所增长。2019年,浙江省期货经营机构累计代理交易额49.1万亿元,同比增长25.4%;实现利润总额17.6亿元,同比增长29.2%。浙江省期货公司实现营业收入38.8亿元,同比增长12.2%;实现利润总额17.0亿元,同比增长31.5%。

四是企业上市融资与并购稳步推进。2019年,浙江省新增资本市场融资额4755.7亿元,其中,境内上市公司股权融资1072.4亿元,新三板挂牌企业融资13.2亿元,交易所债券融资3670.1亿元。浙江省共有157家上市公司实施并购重组208次,涉及金额971.2亿元。

(三)保险业平稳发展,经济社会保障功能进一步发挥

2019年,浙江保险业持续发展,业务结构持续优化,保障功能进一步发挥,保险服务民生功能不断增强。

一是保险机构体系持续完善。2019年,浙江省共有各类保险机构3928家。其中,总公司6家,农村保险互助社1家,省级分公司129家(财产险67家,人身险62家)。省级以上保险专业中介机构340家。保险销售从业人员45.8万人。保险公司资产合计6139.5亿元,比年初增加698.0亿元。

二是保险业务平稳增长。2019年,浙江省保险业共实现保费收入2627.3亿元,同比增长15.6%。其中,财产险保费收入和人身险保费收入同比分别增长8.9%和19.4%。保险业赔付支出877.6亿元,比上年增加115.7亿元(见表1-5)。

表1-5　2019年浙江省保险业基本情况

项目	数量(数额)
总部设在辖内的保险公司数/家	6
其中:财产险经营主体/家	4
寿险经营主体/家	2

续表

项目	数量(数额)
保险公司分支机构/家	129
其中:财产险公司分支机构/家	67
寿险公司分支机构/家	62
保费收入(中外资)/亿元	2627.3
其中:财产险保费收入(中外资)/亿元	900.0
人身险保费收入(中外资)/亿元	1727.3
各类赔款给付(中外资)/亿元	877.6
保险密度/(元/人)	4490.6
保险深度/%	4.2
中期票据筹资额/亿元	—

数据来源:中国银保监会浙江监管局、宁波银保监局。

三是经济社会保障功能进一步发挥。2019 年,浙江省政策性小额贷款保证保险共支持 12253 家次小微企业获得银行贷款 30 亿元,赔付 219 家次,支付赔款 3202 万元。浙江省内大病保险项目涵盖省内 65 个县(市、区)的 3411.6 万名参(投)保人,已赔付或报销总额 9.8 亿元,赔付人次 80.9 万人次,赔付人数 20.3 万人。

(四)社会融资规模平稳增长,金融市场稳健运行

一是社会融资规模平稳增长。2019 年,浙江省社会融资规模新增 22161.8 亿元,同比多增 1944.8 亿元。从结构看,本外币贷款新增 15829.6 亿元,同比多增 435.2 亿元,占比下降 4.7 个百分点至 71.4%;委托贷款、信托贷款和未贴现银行承兑汇票等表外融资增加 679.4 亿元,同比多增 870.6 亿元;直接融资(含企业债券和股票)3011.9 亿元,同比多 1036.8 亿元,其中企业债券发行 2679.0 亿元,同比多发 1087.4 亿元,股票融资 333.0 亿元,同比减少 50.6 亿元(见图 1-4)。

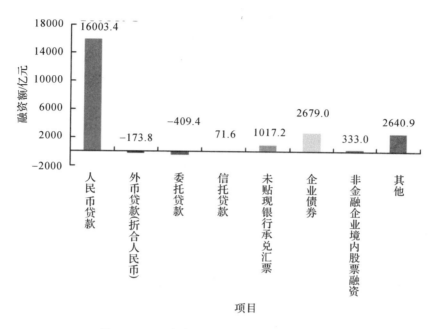

图 1-4 2019 年浙江省社会融资规模分布结构

数据来源:中国人民银行杭州中心支行。

二是民营企业债券融资推进有力。浙江债务融资工具和民企债券融资支持工具发行保持全国领先。2019 年,浙江省债务融资工具发行 2864 亿元,同比多发 48 亿元,其中民营企业债务融资工具发行 605 亿元,发行规模居全国第一;浙江省债券融资支持工具成交额、工具支持的民企债券发行额分别为 45 亿元和 167 亿元,均位居全国第一。

三是银行间市场交易保持活跃。浙江省金融机构在银行间市场现券交易量和债券回购交易额分别比上年增长 25% 和 12%。从市场利率看,现券交易加权平均到期收益率 3.26%,同比下降 0.61 个百分点;债券回购加权平均利率 2.25%,同比下降 0.3 个百分点。

四是票据市场需求旺盛,贴现利率同比下降。2019 年末,浙江省金融机构承兑汇票余额 10306 亿元,同比增长 28%;票据贴现余额 2255 亿元,同比增长 81%。12 月,浙江省银行承兑汇票直贴加权平均利率 2.99%,同比下降 0.48 个百分点(见表 1-6、表 1-7)。

表 1-6　2019 年浙江省金融机构票据业务量统计　　　　　　单位:亿元

季度	银行承兑汇票承兑		贴现			
			银行承兑汇票		商业承兑汇票	
	余额	累计发生额	余额	累计发生额	余额	累计发生额
1	9417.2	4328.7	3561.3	17108.8	433.8	2016.5
2	9708.0	3764.6	3879.9	10757.8	367.9	1486.5
3	10161.2	4557.8	4314.9	13943.9	417.7	1534.6
4	10721.6	4519.4	4022.7	9533.3	371.1	1054.9

数据来源:中国人民银行杭州中心支行。

注:累计发生额指当年累计发生额。

表 1-7　2019 年浙江省金融机构票据贴现、转贴现利率　　　　单位:%

季度	贴现		转贴现	
	银行承兑汇票	商业承兑汇票	票据买断	票据回购
1	3.5	4.8	3.5	2.7
2	3.4	4.6	3.4	2.5
3	2.9	4.7	3.0	2.7
4	3.0	4.7	3.0	2.4

数据来源:中国人民银行杭州中心支行。

五是外汇交易平稳发展,黄金交投活跃。2019 年,浙江省外汇交易市场外汇即期交易 6084 亿美元,同比增长 53%;外汇衍生产品交易 4425 亿美元。2019 年,浙江省金融机构黄金市场交投活跃,场内和场外总成交额 30712 亿元,同比增长 39%。

(五)区域金融改革扎实推进,改革成效显著

浙江省积极推进区域金融改革创新试验区建设各项工作,温州金融综合改革、丽水农村金融改革、义乌国际贸易金融专项改革、台州小微金融改革不断深化;中国(浙江)自贸区金融创新亮点纷呈,在全国率先开展油品贸易跨境人民币便利化政策试点,成功落地首单全国自贸区油品企业便利化支付业务;湖州、衢州绿色金融改革纵深推进,2019 年末两地绿色信贷余额

合计 852.2 亿元,较试验区获批前增长一倍,"两高一剩"行业贷款比重下降近一半;2019 年 11 月和 12 月,宁波分别获批创建国家普惠金融改革试验区和国家文化与金融合作示范区。

(六)信用体系建设不断深化,金融基础设施不断完善

一是征信体系建设不断深化。金融信用信息基础数据库金融基础设施作用充分发挥,截至 2019 年末,浙江省共有 3947.6 万名自然人和 163.7 万户企业及其他经济组织的信用信息纳入金融信用信息基础数据库,2019 年金融机构月均查询量 808.6 万次。中国人民银行杭州中心支行创新搭建保证贷款登记系统,切实防范企业担保链风险。市场机制更加趋于完善,截至 2019 年末,共有备案的企业征信机构 6 家、信用评级机构 13 家,全年共对外提供企业征信服务 1.97 亿次,完成信用评级评分 5000 余笔,有效缓解了信息不对称问题,有力促进了民营和小微企业融资发展。

二是小微企业和农村信用体系建设专项工程初具成效。以试验区为核心,以浙江省企业信用信息服务平台和农户信用信息管理系统为抓手,以信用建档、信用评价、成果应用为主线,推进专项工程建设,深化"信用县"创建,优化小微企业和农村金融生态环境。截至 2019 年末,应收账款融资服务平台累计帮助浙江小微企业融资 2502.2 亿元,2019 年新增 755.8 亿元。截至 2019 年末,浙江省共评定信用户 1010 万户,创建信用村 8566 个、信用乡 367 个,评定信用县 7 个,为已建立信用档案的 904 万农户累计发放贷款 2.95 万亿元。

三是支付体系安全高效运行。2019 年,浙江省大、小额支付系统和网上支付跨行清算系统共处理业务 16.3 亿笔、金额 507.5 万亿元,同比分别增长 7.8% 和 7.5%。积极实施"移动支付之省"建设,大力推进银行业联网通用标准的移动支付在民生领域的应用。截至 2019 年末,浙江省云闪付 App 累计注册用户达 1335.7 万户,浙江省所有地市公交车以及杭州、宁波、温州地铁所有线路支持移动支付;移动支付还覆盖了浙江省 430 家医院、389 个社区卫生中心及下属服务站点、506 所学校、391 个纳税大厅、110 个便民服务中心、333 个停车场、379 个菜场。

二、经济运行情况

2019年,浙江省经济平稳运行,全年实现地区生产总值62352亿元,同比增长6.8%(见图1-5)。产业结构不断优化,三次产业增加值占生产总值比重分别为3.4%、42.6%和54.0%。人均生产总值达107625元,比上年增长5%。

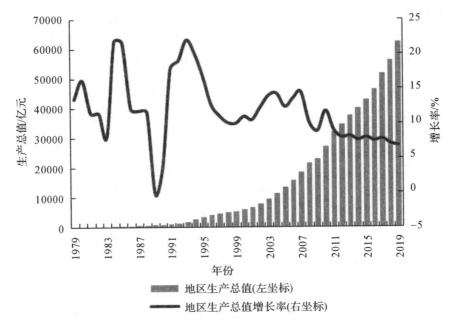

图1-5　1979—2019年浙江省地区生产总值及其增长率

数据来源:浙江省统计局。

(一)三大需求协调推进,主要指标优于全国

2019年,浙江省积极落实"稳就业、稳金融、稳外贸、稳外资、稳投资、稳预期"政策,投资增速加快,消费不断升级,出口份额提高,经济平稳增长。社会消费品零售总额、外贸出口额分别为27176亿元和23070亿元,固定资产投资增长10.1%(见图1-6)。

一是投资增速加快,结构不断优化。2019年,浙江省固定资产投资同比增长10.1%,增速高于上年3.0个百分点,高于全国4.7个百分点。其

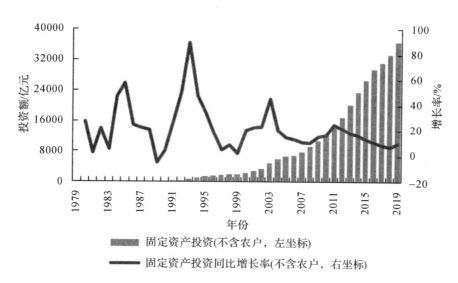

图1-6 1979—2019年浙江省固定资产投资(不含农户)及其增长率

数据来源:浙江省统计局。

中,基础设施投资增长7.8%,同比上升0.1个百分点;制造业投资增长12.9%,同比上升8.0个百分点;房地产开发投资增长7.4%,同比下降13.5个百分点。

浙江省投资结构持续优化。2019年,交通投资增长16.3%;高新技术产业投资增长21.8%,其中,高新技术产业制造业投资和高新技术服务业投资分别增长18.3%和34.4%;民间项目投资增长13.7%。

二是消费稳步增长,线上线下融合。2019年,浙江省社会消费品零售总额27176亿元,增长8.7%,增速同比回落0.3个百分点,高于全国0.7个百分点(见图1-7)。随着人均收入水平提升,居民消费不断升级,智能手机、可穿戴智能设备、新能源汽车、智能家用电器和音响器材类新型消费商品零售额分别增长124.0%、85.1%、57.2%和42.6%。物流基础设施不断完善,移动互联网使用率不断提升,网络消费持续增长,线上线下加快融合。2019年,浙江省网络零售额19773亿元,增长18.4%;省内居民网络消费9984亿元,增长18.5%。

三是出口份额继续提高,投资呈现持续净流入。2019年,浙江省出口3345.9亿美元,同比上升4.2%,占全国的份额为13.4%,比上年提高0.5

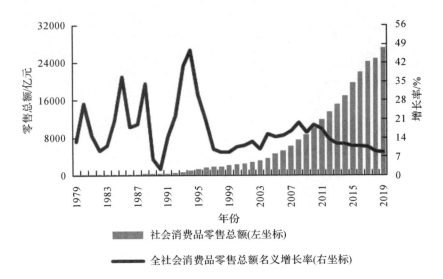

图 1-7　1979—2019 年浙江省社会消费品零售总额及其增长率

数据来源:浙江省统计局。

个百分点;进口 1126.4 亿美元,同比上升 1.2%;进出口顺差 2219.5 亿美元,同比上升 5.8%(见图 1-8)。浙江省实际利用外资 135.6 亿美元,同比

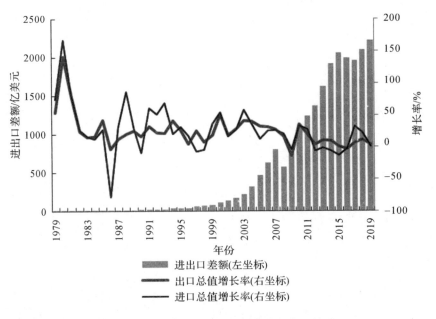

图 1-8　1979—2019 年浙江省外贸进出口情况

数据来源:浙江省统计局。

上升 8.7%;实际对外投资 96.7 亿美元,同比上升 12.6%,外商来浙直接投资流入金额持续高于对外直接投资流出金额,全年差额为 38.9 亿美元(见图 1-9)。

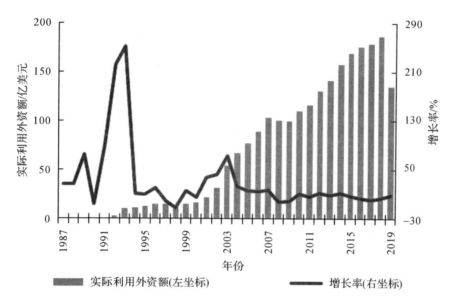

图 1-9 1987—2019 年浙江省实际利用外资额及其增长率

数据来源:浙江省统计局。

(二)产业结构持续优化,新旧动能转换扎实推进

2019 年,浙江省三次产业结构由上年的 3.4∶43.6∶53.0 调整为 3.4∶42.6∶54.0,第三产业比重比全国高 3.2 个百分点,三次产业对生产总值的增长贡献分别为 1.0%、37.0%、62.0%。

一是农业生产基本稳定,绿色农业有序发展。浙江省把实施乡村振兴战略放在优先位置,全面深化农业供给侧结构性改革,推进一、二、三产业融合,创新发展数字农业和科技农业,推动农业绿色发展。2019 年,第一产业增加值 2097 亿元,增长 2.0%,增速比上年提高 0.1 个百分点,其中农林牧渔业增加值增长 2.2%,中药材、花卉苗木、蔬菜播种面积分别增长 6.3%、2.1%、0.9%,肉类产量下降 9.8%,水产品产量增长 2.7%。

二是工业增长基本稳定,新旧动能转换扎实推进。2019 年,浙江省规

模以上工业增加值 16157 亿元,增长 6.6%,增速比上年回落 0.7 个百分点
（见图 1-10）。数字经济"一号工程"深入实施,全年数字经济核心产业增加
值增长 15%,比上年提高 2.3 个百分点。在规模以上工业中,人工智能产
业增加值增长 21.3%,高新技术、装备制造、战略性新兴产业增加值分别增
长 8.0%、7.8% 和 9.8%,增速均高于规模以上工业。传统制造业加快改造
提升,17 个传统制造业增加值比上年增长 6.4%,其中化纤、非金属矿物制
品、化工等行业增加值分别增长 14.2%、15.6%、11.0%。

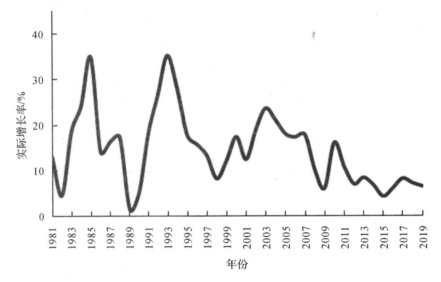

图 1-10　1981—2019 年浙江省规模以上工业增加值实际增长率

数据来源:浙江省统计局。

　　三是服务业较快增长,比重有所上升。2019 年,浙江省服务业增加值增
长 7.8%,与上年持平,增速比生产总值高 1.0 个百分点,比全国高 0.9 个百
分点,占生产总值的比重比上年提高 1.0 个百分点。其中,批发零售、交通运
输仓储邮政、住宿餐饮、金融、房地产增加值分别增长 6.3%、6.0%、6.2%、
10.2% 和 5.0%。规模以上服务业企业营业收入 18284 亿元,比上年增长
16.3%。其中,信息传输、软件和信息技术服务业营业收入 8445 亿元,同比增
长 22.0%;科学研究和技术服务业营业收入 1591 亿元,同比增长 20.3%。

　　四是供给侧结构性改革深入推进,"三去一降一补"取得新进展。2019

年,浙江省规模以上工业产能利用率81.3%,高于全国的76.6%。商品房销售面积9378万平方米,下降3.9%,销售额14352亿元,增长1.9%。规模以上工业企业资产负债率为55.1%,同比降低0.4个百分点。减税降费举措有力,全年为企业减负2280亿元,比年初计划多减780亿元。每百元营业收入中的成本为83.6元,降低0.4元。短板领域投资较快增长。

五是能源利用率不断提高,生态环境持续改善。浙江省以绿色发展理念为引领,大力推动浙江省经济社会绿色转型和循环发展。2019年,浙江省规模以上单位工业增加值能耗下降3.1%。县级以上城市集中式饮用水水源地水质达标率为96.7%,比上年上升2.2个百分点。11个设区市日空气质量优良天数比例平均为88.6%,PM2.5平均浓度为31μg/m3,比上年下降3.1%,达到国家二级标准。

(三)居民消费价格小幅增长,生产者价格同比下降

一是居民消费价格小幅增长,猪肉价格上涨较快。2019年,浙江省居民消费价格(CPI)同比上涨2.9%,涨幅扩大0.6个百分点(见图1-11)。八

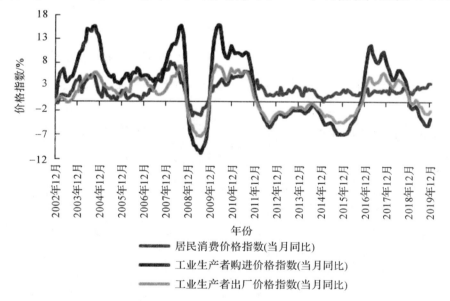

图1-11 2002—2019年浙江省居民消费价格和生产者价格变动趋势

数据来源:浙江省统计局。

大类消费品和服务项目价格同比"七涨一跌",食品烟酒、医疗保健、教育文化娱乐、其他用品和服务、生活用品及服务、衣着、居住同比分别上涨6.2%、4.8%、3.7%、3.2%、1.8%、1.8%和0.6%,交通通信下降1.0%。受非洲猪瘟影响,全年猪肉消费价格同比上涨33.1%。

二是工业生产者价格同比下降。受全球经济增速放缓、大宗商品价格下降、中间投入品价格下降等因素影响,生产端价格降幅较大。2019年,浙江省工业生产者出厂价格(PPI)和购进价格同比分别下降1.1%和2.9%,而上年同期分别增长3.4%和5.1%。

三是劳动效率明显提高,劳动力成本持续上升。2019年,全社会劳动生产率16万元/人,按可比价格计算,比上年增长5.7%。规模以上工业劳动生产率达24.3万元/人,按可比价格计算,增长9.3%。浙江省居民人均可支配收入49899元,同比增长8.9%,扣除价格因素实际增长5.8%。城镇、农村居民人均可支配收入分别为60182和29876元,分别增长8.3%和9.4%,扣除价格因素增长5.4%和6.0%。

(四)财政收支增长稳定,民生重点支出保障有力

2019年,浙江省一般公共预算收入7048亿元,同比增长6.8%(见图1-12)。税收收入5898.2亿元,增长5.6%,占一般公共预算收入比重为83.7%,其中,企业所得税增长14.7%,增值税和个人所得税分别下降1.2%和11.4%。

2019年,浙江省一般公共预算支出10053.0亿元,同比增长16.5%,完成年度预算的113.0%。民生支出保障有力,八项民生支出占比76.2%。其中,城乡社区、节能环保支出增长突出,分别增长40.5%、38.4%。

2019年,浙江省共发行地方政府债券2243.9亿元,较上年增加157.3亿元。截至2019年末,浙江省地方政府债务余额12360.7亿元,负债率19.8%,较上年提高1.2个百分点。

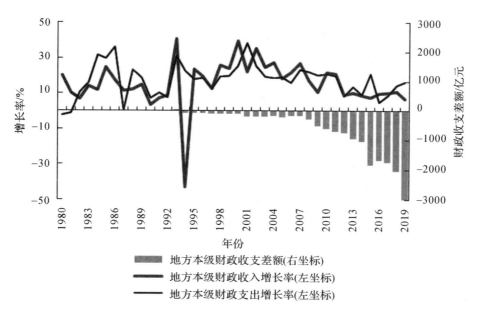

图 1-12 1980—2019 年浙江省财政收支状况

数据来源：浙江省统计局。

（五）房地产市场平稳运行

一是房地产投资保持较快增长。2019 年,浙江省房地产开发完成投资 10683.0 亿元,同比增长 7.4%。其中,住宅投资拉动因素较为明显,住宅完成投资 7727 亿元,同比增长 8%。

二是商品房在售库存平稳回升。2019 年末,浙江省商品住宅总库存为 6280 万平方米,按近一年月均成交量计算,去化周期为 9.7 个月。与上年同期相比,总库存面积增加 703 万平方米,消化周期增加了 1.3 个月,与 2019 年 9 月末比,库存去化周期增加 0.6 个月。

三是新建商品住房成交量平稳增长。2019 年,浙江省新建商品房销售 9378 万平方米,同比下降 3.9%(见图 1-13)。其中,商品住宅销售 7804 万平方米,同比下降 1.7%。省内 11 个房价重点监测城市中,仅 4 个城市新建商品住宅销售面积的同比增速为正。杭州、宁波全市新建商品住宅销售面积分别为 1284 万平方米、1439 万平方米,同比分别下降 3.4 个百分点和提升 10.8 个百分点。

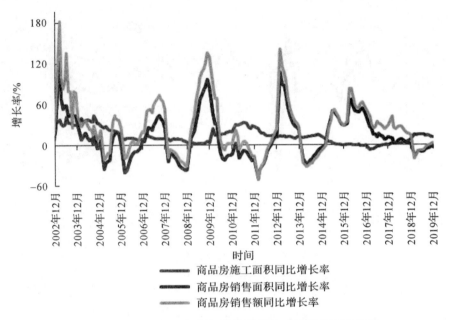

图 1-13　2002—2019 年浙江省商品房施工和销售变动趋势

数据来源:浙江省统计局。

四是房价涨幅基本平稳。2019 年,浙江省新建商品住宅销售价格同比上涨 7.3%。10—12 月,浙江省新建商品住宅价格环比涨幅分别为 0.4%、0.1%、0.4%,均在 0.5% 以下(见图 1-14)。2019 年,浙江省二手住宅销售价格同比上涨 5.9%,比上年同期提高 1.9 个百分点。

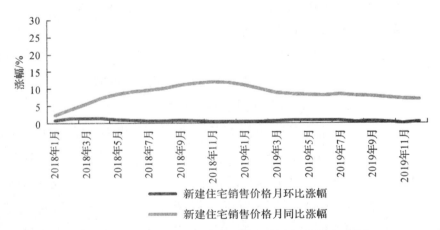

图 1-14　2018—2019 年杭州市新建住宅销售价格变动趋势

数据来源:浙江省统计局。

五是房地产贷款增速稳步下降。2019 年末,浙江省房地产贷款余额 3.4 万亿元,同比增长 17.3%,增速较上年下降 11.5 个百分点。其中,房地产开发和个人住房贷款余额同比分别增长 16.6% 和 17.8%,分别较上年同期下降 2.70 和 2.67 个百分点。

专栏 2:强化外贸金融服务　支持企业应对经贸摩擦

浙江省是外贸大省,受中美经贸摩擦影响较大。2019 年以来,中国人民银行杭州中心支行、国家外汇管理局浙江省分局在中国人民银行总行和国家外汇管理局总局的指导下,不断优化涉外金融服务,推进外汇管理改革,多措并举支持浙江省外贸企业应对中美经贸摩擦。一是持续深化外汇领域各项改革。浙江省推广跨境金融区块链服务平台、货物贸易外汇收支便利化、资本项目外汇收入支付便利化等三项试点,分别惠及企业 910 家、100 余家和 370 余家,有效提高了收付汇效率,为缓解企业"融资难"提供了新的解决方案。创新推出两项新措施,在全国率先为跨境电商开通银行直接收结汇渠道,有效降低了跨境电商企业交易成本;深化跨国公司跨境资金集中运营新政,累计为企业减少汇兑损失 1200 多万美元,节约融资成本 6500 多万美元。二是做深做实"优化外汇金融服务"系列活动。持续推进"优化外汇金融服务,助推浙江外贸高质量发展"系列服务活动,组织浙江省金融系统开展各类培训 3311 场,覆盖企业 6.86 万家次,"一企一策"帮助一批重点企业解决实际困难。加大汇率避险指导,截至年末浙江省已有 1.3 万余家企业开展汇率避险业务,同比增长 16.8%。督促银行加大融资力度,贸易融资余额同比增长 4%,浙江省银行减费让利达 21.5 亿元。三是合力推进"全面精准服务外贸企业"专项行动。对接浙江省"订单＋清单"系统,以"五色清单"为依托,精准施策,放宽对受中美经贸摩擦影响的企业在出口延期收汇等方面的容忍度。与浙江省税务局合作推广对外付汇税务备案电子化试点,完成服务贸易对外支付 4.6 亿美元,有效便利了市场主体对外付汇。四是全面落实"互联网＋"政务建设两项工作。推进"互联网＋政务服务"和"互联网＋监管"工作。累计通过国家外汇管理局政务服务平台在线办理各类行政许可业务 6200 余笔，现场办理、线下录入 8070 余笔，依法行政水平得到进一步提升，有效节约了涉汇主体的办事成本。

三、预测与展望

2020 年，浙江经济发展面临的国内外环境仍然复杂多变。从国际环境看，全球新冠肺炎疫情持续蔓延，世界经济严重衰退，产业链、供应链循环受阻，国际贸易投资萎缩，大宗商品和金融市场波动加剧，不稳定不确定因素增多。从国内环境看，我国经济基础稳固、韧性强、潜力大，经济稳中向好、长期向好的基本趋势没有改变。但结构性、体制性、周期性问题相互交织，"三期叠加"影响持续显现，新冠肺炎疫情加大了短期经济下行压力，企业生产经营困难增多，需要高度关注结构性信用收缩等问题。

从浙江省的情况看，其经济发展阶段已由高速增长阶段转向高质量发展阶段，经济运行机遇与挑战并存。一方面，疫情防控步入常态化，复工复产逐步恢复正常，"两手硬、两战赢"取得明显成效，经济呈现企稳回升态势。数字经济"一号工程"深入实施，新动能不断增强，结构调整稳步推进，营商环境不断优化，市场活力不断增强。另一方面，经济持续向好的基础还不牢固，疫情防控形势依然严峻，内外部环境错综复杂，经济稳增长面临多方面的压力。市场需求不足，部分行业、企业经营困难，外贸企业受冲击明显，不确定因素较多。预计 2020 年浙江经济总体将保持平稳增长，结构继续改善，新动能加快成长，企业效益改善。金融支持民营和小微企业力度将进一步加大，经济金融发展的协调性、匹配度进一步提升。

2020 年是全面建成小康社会和"十三五"规划收官之年。中国人民银行杭州中心支行继续以习近平新时代中国特色社会主义思想为指导，全面贯彻党的十九届四中全会和中央经济工作会议精神，围绕中央"六稳""六保"工作要求，按照中国人民银行总行部署，紧扣全面建成小康社会目标任务和"十三五"规划收官，加强党建引领，在疫情防控常态化的前提下,把经济发展放在更加突出的位置,重点做好金融支持稳企业保就业工作。继续有效贯彻稳健货币政策,加大落实逆周期调节力度,持续优化信贷结构,着力降低融资成本,严守风险底线,进一步提升金融服务经济高质量发展的质效。

（本报告由中国人民银行杭州中心支行提供）

第二章 2019年度浙江省地方金融业改革与发展报告

一、2019年度浙江省地方金融改革与发展主要工作成效

2019年,面对国内外风险挑战明显上升的复杂局面,浙江省坚持以习近平新时代中国特色社会主义思想为指导,聚焦服务实体经济、防控金融风险、深化金融改革三大任务,深入推进金融供给侧结构性改革,大力实施融资畅通工程,深入实施"凤凰行动"计划,持续推进区域金融改革,加快建设新兴金融中心,坚决打好防范化解重大金融风险攻坚战,着力加强地方金融组织监督管理,有力保障全省经济金融高质量发展。

(一)融资畅通工程实施取得实质成效

浙江省通过落实逆周期调节政策、优化工作机制、强化政策供给、紧抓督导落实,多渠道发力、多举措推进,加大对实体经济的金融支持力度,企业融资呈现"量增、面扩、价降"的良好态势。一是融资总量及增量创下历史新高。2019年,全年社会融资规模和贷款增量分别为2.22万亿元、1.58万亿元,贷款余额12.2万亿元,均居全国第三,贷款增速(15.1%)居沿海主要省份第二。非金融企业发债5688亿元,民企发行债务融资工具全国第一,占全国的23%;首发上市和再融资新增2077亿元,同比增长251%。二是融资结构更加优化。民营经济贷款新增5011亿元,增量和增速为五年来最高。小微企业、制造业贷款分别新增4682亿元、1716亿元,余额均继续居

全国首位。中长期制造业贷款增速达40.7%,高于各项贷款平均增速25.6个百分点。三是融资覆盖面和便捷性不断提升。2019年末,全省小微企业贷款户数437万户,新增93万户。小额贷款公司等地方金融组织充分发挥了"毛细血管"作用。四是融资成本稳步下降。2019年,全省企业贷款加权平均利率为5.36%,同比下降0.21个百分点。

(二)"凤凰行动"计划取得阶段性成果

深入实施"凤凰行动"计划,以系统全面推进企业上市和并购重组为抓手,加快推动经济转型升级和高质量发展。一是积极支持企业多渠道上市。组建"凤凰行动"投资基金、上市公司稳健发展基金,以数字经济、高新技术企业为重点,主动做好科创板上市对接辅导。2019年末,全省共有境内外上市公司578家,总市值9.2万亿元,其中境内上市公司458家,数量位居全国第二,主板219家、中小板142家、创业板89家,数量分别位居全国第一、第二和第四。全年新增境内外上市公司47家,其中:境内新增26家,居全国第四;科创板8家,数量居全国前列。二是持续推动并购重组。引导上市公司围绕主业开展并购重组,成功举办第三届全球并购高峰论坛和并购项目对接会。全年全省上市公司实施并购重组208次、金额971亿元,位居全国前列。

(三)金融改革创新取得新突破

一是一批新的改革试点获批。宁波市普惠金融改革试验区获得国务院批准,温州市、台州市和宁海县获批成为全国首批深化民营和小微企业金融服务综合改革试点城市,温州金融改革服务民营经济实施方案印发实施,丽水积极申报金融支持乡村振兴改革试验区。积极争取证监会在浙江开展全国唯一的区域性股权市场改革试点。二是一批关键重点改革深入推进。湖州、衢州绿色金改在绿色信贷标准、"绿贷通"平台、绿色保险创新等方面创出经验;宁波保险创新积极探索创新运用保险工具和政保合作机制;义乌国际贸易综合改革试点金融专项改革在促进跨境贸易、投融资结算便利化等方面取得积极成效。三是一批好经验好做法得到复制推广。小微金融"台州模式"得到国务院领导肯定,并向全国推广;相关部门梳理编印省金融改革创新试点经验汇编,推介一批可复制易推广的做法和经验。

(四)金融产业高质量发展迈出坚实步伐

全面落实长三角区域一体化发展战略的总体部署,着力打造浙江金融"一中心三高地"。浙江省新兴金融中心建设行动方案、杭州国际金融科技中心规划和移动支付之省建设方案等已出台实施,钱塘江论坛等一批有影响力的重大活动成功举办,世界银行全球数字金融研究中心等一批重大项目在钱塘江金融港湾落地,全国首家中外合资银行卡清算机构——连通公司启动筹建工作。浙江省与上海期货交易所签署共建长三角期现一体化油气交易市场战略合作协议,加快打造金融要素集聚高地。2019年,全省实现金融业增加值5004亿元,对 GDP 贡献率为 8.0%,增速(10.2%)高于全国 3 个百分点。

(五)防范化解金融风险攻坚战取得关键性进展

浙江省深入贯彻中央"稳定大局、统筹协调、分类施策、精准拆弹"的基本方针,坚持标本兼治与稳中求进、应急处置与长效机制相结合,有序防控各类金融风险,确保经济社会大局总体稳定。一是政策组合拳持续发力。落实落细中央关于打好防范化解重大金融风险攻坚战行动方案的工作要求,制定浙江省实施方案及若干个分领域具体行动计划,有序化解部分民企债券违约风险、上市公司股权质押风险、重点企业资金链担保链风险和非法网络借贷风险等重点领域金融风险。二是一批重点企业风险得到有效处置。及时平稳处置单体企业风险问题,有效遏制风险外溢,避免跨企业、跨行业、跨区域传染。三是金融环境得到进一步改善。严厉打击逃废债,有力遏制非法集资,处非工作全国考评位列一档、获得满分。开展失信联合惩戒,持续深化交易场所清理整顿工作。2019年,全省不良贷款率降至 0.91%,多年保持在合理区间,信贷资产质量居全国前列。

(六)加强地方金融组织监督管理取得实效

小贷、典当、担保等"7+4"类地方金融组织得到进一步规范发展,充分发挥了地方金融"毛细血管"功能。一是监管制度建设得到进一步加强。加快制定省地方金融条例,完善交易场所、融资担保等机构监管细则,逐步统一审批审核事项操作规程。二是风险监测不断加强。通过摸底调查、专项审计、风险排查、监管评级等手段,摸清行业底数,针对违规行为做好督促整改提升,引导经营不善、长期停业的地方金融组织有序退出。

二、2020年度浙江省地方金融改革与发展重点工作

(一)深入实施融资畅通工程

进一步明确目标任务,把融资畅通工程做深做实,特别是强化对稳企业的金融支持。一是保持融资总量稳定增长,融资增量、增速位居全国前列,与经济高质量发展相匹配。二是推进融资结构持续优化,发挥好信贷、股权、债券、保险、私募基金等多渠道作用,扩大直接融资规模。谋划实施"凤凰行动2.0版",全面对接资本市场各项改革举措。三是有效提高融资服务精准度,鼓励银行大幅增加小微企业信用贷、首贷、无还本续贷,提升制造业中长期融资占比,加大对民营和小微企业的支持力度。四是明显扩大企业融资受益面,持续降低融资综合成本,落实好中小微企业贷款延期还本付息政策,拓展政府性融资担保覆盖面并降低费率。五是有力防控重大金融风险,形成融资渠道通畅、金融运行规范、区域金融安全的良好格局。

(二)抓好各项金融改革试点

持续抓好各项金融改革试点项目,以"三个一批"为着力点,统筹推进全省区域金融改革工作,确保浙江省区域金融改革继续引领全国、走在前列。一是启动实施一批。抓紧启动宁波普惠金融改革,积极争创丽水金融支持乡村振兴改革试点。二是深入推进一批。持续深化宁波保险创新改革、温州金融综合改革、台州小微金融改革、湖州衢州绿色金融改革、义乌国际贸易金融专项改革等试点,对"台州模式"等有益金融机制进行深化提升。三是复制推广一批。细化梳理金改典型案例和成熟经验做法,强化区域交流,

加大复制推广力度。

(三)加快推进新兴金融中心建设

以国际化为导向,结合大湾区、大花园、大通道、大都市区建设,抓住长三角区域一体化发展国家战略的重要机遇,立足浙江金融的竞争优势和比较优势,集聚更多的全球优质金融资源,尽快形成一流的金融竞争力和影响力。一是建设具有强大资本集聚转化能力的新兴金融发展平台。推进钱塘江金融港湾和杭州金融科技中心建设,继续抓好金融特色小镇建设,加强与实体产业的对接。二是发展培育一批具有较强竞争力的新兴金融机构。进一步做强做大"浙商系列"总部金融机构,做精做优城商行、农商行等区域性金融机构,做新做稳、规范发展一批新型金融机构,培育发展一批具有全球竞争力的新兴金融"独角兽"。三是构建以金融科技、绿色金融等新兴金融产业体系。加快发展科技银行、科技保险、天使投资、创业投资、风险投资等科技金融,加快发展大数据、金融云、智能投顾等金融科技,加快发展绿色信贷、绿色证券、绿色保险等绿色金融,加快在涉农金融、小微金融等普惠金融重点领域扩大竞争优势,加快在国际贸易金融、跨境投资、并购金融、浙商总部金融等领域形成特色优势。

(四)标本兼治打赢防范化解金融风险攻坚战

坚持稳中求进工作总基调,遵循"稳定大局,统筹协调,分类施策,精准拆弹"十六字方针,争取率先打赢防范化解金融风险攻坚战。一是健全地方金融风险防控监管体系。加大《浙江省地方金融条例》培训宣传力度,研究制定配套实施细则。二是建立健全稳企业防风险工作机制。紧盯当前重点领域金融风险,深化省市县协同、部门间协作、推动各方各尽其职、同向发力、综合施策,坚决守住不发生区域性系统性金融风险的底线。三是加快建设地方金融风险"天罗地网"系统,优化风险监测预警和处置工作机制。

(本报告由浙江省地方金融监管局提供)

金融行业类别报告

第三章 2019年度浙江省银行业发展报告

一、2019年度浙江省银行业运行总体状况

(一)总体规模稳健增长,业务发展"回归本源"

一是资产结构持续调整。截至2019年末,浙江银行业资产总额17万亿元,比年初增加1.7万亿元,同比增长11.3%,增速较上年同期上升3.2个百分点。非信贷资产规模继续收缩,余额占资产总额的28.1%,同比下降3.0个百分点。

二是贷款增速高位趋缓。截至2019年末,浙江银行业各项贷款余额12.2万亿元,比年初增加1.6万亿元,同比多增307亿元,同比增速15.1%,居沿海五省市首位,大幅高于浙江GDP增速。从期限看,浙江银行业中长期贷款余额6.8万亿元,占比达到55.5%,高于上年同期1.8个百分点,保持稳定上升态势。

三是贷款结构调整优化。截至2019年末,浙江非金融企业及机关团体贷款余额7.1万亿元,同比增长12.7%,高于上年同期0.6个百分点;新增7970亿元,同比多增1221亿元,占全部新增贷款的50.4%,高于上年同期6.9个百分点,有力保障了企业融资需求。其中,制造业贷款余额2.4万亿元,比年初增加1716亿元,余额继续位居全国首位。水利、环境和公共设施管理业贷款与租赁和商务服务业贷款分别比年初增加1076亿元和1131亿元,投向基建领域资金力度不减。票据融资余额较年初增加1123亿元,同

比增速达 34.3%。

四是负债业务回归存款。截至 2019 年末，浙江银行业负债总额 16.2 万亿元，比年初增加 1.6 万亿元，同比增长 11.2%，高于上年同期 3.7 个百分点。同业负债持续压缩，12 月末全省银行业同业负债（包括同业存款、同业拆放、卖出回购）余额 9334 亿元，占负债总额的 5.8%，较上年同期下降 0.8 个百分点。

五是存款基础继续夯实。12 月末各项存款余额 13.1 万亿元，比年初增加 1.5 万亿元，同比多增 5535 亿元。分主体看，住户存款余额 5.4 万亿元，同比增长 15.7%，较年初增加 7218 亿元，总量保持较快增长。非金融企业存款增速回升明显，12 月末余额较年初增加 5909 亿元，同比多增 3673 亿元；同比增长 14.9%，高于上年同期 9.0 个百分点。企业贷款的存款派生效应明显，融资畅通工程政策落地效应正逐步显现。

六是表外回表步伐加快。截至 2019 年末，浙江银行业表外业务余额 11.9 万亿元，比年初减少 4.1 万亿元，同比下降 25.4%，增速较上年同期下降 41.0 个百分点。

七是传统担保类和承诺类表外业务均出现恢复性增长。12 月末担保类余额 1.9 万亿元，比年初增加 3842 亿元，同比增长 25.7%；承诺类业务余额 1.7 万亿元，比年初增加 5329 亿元，同比增长 45.2%，高于上年同期 40.9 个百分点。

八是金融资产服务类业务均保持负增长。12 月末金融资产服务类业务增速为 -9.9%，低于上年同期 22.5 个百分点。但剔除其他金融资产服务业务影响，发行非保本理财、委托投资、资产托管均出现恢复性增长，同比增速分别较上年同期提高 15.2 个、6.1 个和 4.1 个百分点。

（二）投放结构持续优化，对公投放稳步发展

一是民企贷款稳步增长。2019 年以来，金融政策支持民营企业发展力度加大，浙江民营企业贷款增长显著，全年浙江民营企业新增贷款占全部新增企业贷款的比重已接近六成。

二是普惠金融持续发力。深入推进"4+1"小微金融服务差异化细分工

作,提升小微企业获得感。截至2019年末,用于小微企业贷款余额3.9万亿元,比年初增加4682亿元,同比增长13.6%,增速高于上年同期3.9个百分点。积极推进小微企业无还本续贷、年审制、循环贷款等还款方式创新,无还本续贷持续增量扩面,截至2019末,全省普惠型小微企业无还本续贷余额1960亿元,比年初增长97%,为企业节约转贷成本近20亿元。中期流动资金贷款快速增长,全面完成中期流贷余额超5000亿元、占流贷比例超过1/5、为企业转贷减负50亿元"三个五"的目标,有效缓解期限错配,稳定企业融资预期。

三是重点领域保障有力。制造业贷款持续19个月实现同比正增长,12月末余额2.4万亿元,位居全国首位。特色金融支持实体经济稳健发展,截至2019年末,全省绿色信贷余额8695亿元,比年初增加1372亿元,同比增长18.7%;科技型企业贷款余额2902亿元,较上年同期增加213亿元,其中科创企业贷款余额860亿元,同比增长26.1%。

(三)盈利上升趋势巩固,增长速度明显放缓

2019年,浙江银行业累计实现净利润2006亿元,同比增加311亿元,增长18.3%,增速低于上年同期31.0个百分点。2016年以来,浙江省银行业利润上升趋势得到巩固,但在利润基数大、资产减值损失计提有所增加、中间业务收入增长停滞等多项因素叠加影响下,净利润增速呈放缓趋势。

(四)信用风险指标向好,抗险能力明显增强

浙江省银行业信用风险低位趋稳。截至2019年末,浙江省银行业不良贷款余额1110亿元,比年初减少99亿元;不良率0.91%,比年初下降0.24个百分点。关注类贷款余额2756亿元,比年初减少42亿元;关注类贷款率2.26%,比年初降低0.40个百分点。不良资产处置有力。2019年,浙江省银行业处置不良贷款1359亿元,新增不良贷款1288亿元,不良贷款处置额连续四年大于新发生不良贷款额。风险抵御能力持续增强。

二、2020年度浙江省银行业发展展望

(一)宏观经济形势基本判断

展望2020年,银行业面临的宏观经济形势依旧复杂。

从国际看,2019年以来全球贸易保护主义仍在升级。经济放缓令货币政策转向宽松,对经济下行压力起到一定对冲作用,但潜在的金融风险不容忽视。发达经济体增长前景减弱,部分新兴经济体脆弱性上升,可能进一步拖累2020年全球经济增长。

从国内看,2020年是全面建成小康的决胜年,稳增长将是2020年政策的主基调。当前国内经济下行压力加大,企业生产投资谨慎,制造业下滑,消费、投资和出口等驱动经济增长的"三驾马车"在不同程度上承压。但随着逆周期调控政策的持续发力,支持我国经济企稳的因素将有所增多。预计2020年消费市场将有明显改善,实施减税降费将进一步缓解中小企业经营压力,基建投资、制造业投资的改善有望为经济增长注入动力。

从浙江看,经济运行过程中新旧动能接续不畅等矛盾进一步凸显,但同时"一带一路"、长江经济带、长三角一体化等诸多机遇叠加,浙江经济下行压力与上升动力并存。稳企业仍是稳经济的重要着力点。随着政策支持力度不断加大,未来民营企业发展状况有望持续向好,同时数字经济等新动能不断增强,有助于加快实现产业升级和企业转型。

(二)2020年浙江银行业发展趋势展望

一是部分领域信贷需求反弹,银行信贷结构持续优化,中间收入将有所改善。一方面,当前信贷结构与金融供给侧改革的要求相比仍有差距,2020年需继续调整。金融政策持续引导强化中长期贷款投放和特定领域信贷支持,通过LPR继续引导实体经济融资成本下行,企业融资环境将得到持续改善。一系列措施为制造业发展带来良好预期,围绕"一带一路"、长江经济带、长三角一体化等国家发展战略的深入推进,基建投资和

融资需求会有一定提升。在监管引导和银行自身业务发展诉求的双重推动下,预计民营和小微企业贷款仍将保持较快增长。另一方面,由于《资管新规》将落地,预计表外业务将进一步受到挤压,2020年将继续延续近两年表外转表内的态势。同时部分银行的理财子公司已经设立并正式运营,综合化业务快速发展,银行中间收入有望增加,但息差提升仍面临一定压力。

二是金融供给侧改革提速,机构间分化加剧,部分资质较弱的银行风险逐步暴露。2020年我国经济仍面临下行压力,中美经贸摩擦存在较大不确定性,部分区域、行业以及相关企业信用风险压力犹存。加之个人消费贷款规模迅速上升,在带来收入增长的同时也积累了一定的潜在风险。商业银行与金融科技公司合作中新型风险和问题也不断显现,如助贷与联合贷款等合作类业务亟待规范。金融供给侧改革持续推进,银行机构间的分化还将加剧,资产质量差、经营状况不佳的机构风险将加速暴露。市场将更关注部分中小银行的流动性风险。《商业银行金融资产风险分类暂行办法》实施后,商业银行将面临更严格的资产分类标准,推动不良贷款真实反映。此外,外部事件冲击仍将不断,金融市场波动加大,银行业经营管理面临的市场风险上升。重点机构和各类非法金融活动的增量风险得到有效控制,但存量风险仍需进一步化解。伴随金融开放力度加大,外资金融机构将加剧市场竞争,银行业发展面临的环境更加复杂。

三是金融科技将成为银行提升效率的发力点,银行业转型步伐有望加快。2020年,在逆周期货币政策和严监管政策的双重影响下,银行业利息收入和非息收入都将受到影响,商业银行从收入端"发力"的空间较小,成本管控将成为改善利润的关键。受监管、科技和人力投入的影响,商业银行各项成本上升压力较大。但信息技术的发展也为银行降低成本、提升效率创造了更好条件。以5G、区块链、AI人工智能等为代表的新技术在金融领域深入应用,一方面推动银行经营方式和服务模式向线上化、数字化、智能化转型,另一方面也加速重构金融生态和竞争格局。商业银行通过对外合作与内部孵化,逐渐在金融科技市场上掌握了一定的主动权。目前,已有10多家银行成立了金融科技子公司,仍有更多的银行正处于筹建阶段。未来,银行金融科技子公司将以服务本集团、助力数字化转型为基础，逐渐将产品和服务向其他中小银行和非银行金融机构延伸。银行业将通过积极推动金融与科技融合、金融与生活融合、线上与线下融合，提高数据挖掘分析和响应能力，实现精准营销、精细管理、专业运营和有效风控，不断提升服务实体经济质效。

（本报告由中国银保监会浙江监管局提供）

第四章　2019年度浙江省证券业发展报告

一、2019年度浙江省资本市场发展概况

（一）企业上市节奏国内领先，后备资源充足

2019年，全省新增境内上市公司26家，占全国新增总数的13.47%，位居全国第四。截至2019年底，全省境内上市公司总数458家，位居全国第二。其中，主板上市公司219家、中小板上市公司142家、创业板上市公司89家、科创板上市公司8家，分别位居全国第一、第二、第四、第五；全省新三板挂牌企业787家，位居全国第四；浙江省股权交易中心挂牌展示企业8055家（见表4-1）。截至2019年底，全省有境内拟上市企业247家，其中辅导期企业155家，已报会待审核企业84家，已过会待发行企业8家。浙江企业上市节奏在国内领先，在各个市场板块之间形成明显的梯队效应，为后续发展打下较好基础。

表 4-1　2019年浙江境内上市挂牌企业基本情况

指标名称	2019年新增数	2019年年末数
境内上市公司/家	26	458
其中：主板/家	11	219
中小板/家	0	142
创业板/家	7	89

续表

指标名称	2019 年新增数	2019 年年末数
科创板/家	8	8
新三板挂牌企业/家	−145	787
浙江省股权交易中心挂牌展示企业/家	1454	8055

（二）股权融资和债权融资均大幅度增长

2019 年，全省境内上市公司共实现股权融资 1072.37 亿元，较上年同期增长 51.12%。其中首发融资 316.89 亿元，同比增长 317.29%；增发融资 751.10 亿元，同比增长 73.19%；配股融资 4.38 亿元。并购重组继续保持较高的活跃度，有效整合产业资源，全年有 147 家上市公司实施并购重组 208 次，涉及金额 971.23 亿元。全省企业发行公司债持续踊跃，全年共发行公司债 249 只，融资总额 2159.52 亿元，同比增长 106.00%（见表 4-2）。其中国有企业发行公司债 217 只，融资金额 1999.95 亿元；民营企业发行公司债 32 只，融资金额 159.57 亿元。

表 4-2　2019 年浙江资本市场直接融资情况

指标名称	2019 年/亿元	同比增长/%
境内上市公司股权融资	1072.37	51.12
其中：首发融资	316.89	317.29
增发融资	751.10	73.19
配股融资	4.38	不适用①
公司债	2159.52	106.00

（三）证券经营机构回归本源，服务实体能力提升

截至 2019 年底，浙江省共有证券公司 5 家，证券公司分公司 102 家，证券营业部 1021 家，证券投资咨询机构 3 家；全省证券投资者开户数

---

① 2018 年度浙江省境内上市公司配股融资额为 0。

2012.95万户;证券经营机构托管市值3.19万亿元,客户交易结算资金余额1095.28亿元。2019年,全省证券经营机构累计实现代理交易额42.17万亿元、手续费收入93.93亿元、利润总额29.77亿元。浙江省证券公司坚持深耕浙江,服务中小企业投融资,有力助推地方实体经济发展:一是积极对接浙江省"凤凰行动"计划,推荐优质企业进入资本市场,通过股权融资和债券融资服务,帮助企业融资累计超过1000亿元。二是为各类科创企业或项目提供股权投资,通过私募、另类投资子公司发起产业转型母基金聚集高新技术企业投资,或专注于科创企业股权投资,累计投资科创类企业项目达100余个,投资金额近10亿元。三是成立合计规模约18亿元的纾困基金,成功纾解部分上市公司股东股票质押风险;承销全国首单地市级纾困专项债,发行规模5亿元。四是发行全国首单交易所绿色公司债券和全国首批公积金贷款资产证券化产品,创设中证之江凤凰50ETF基金并上市交易,拓展ABS业务并发行全国首单基础设施类REITs产品。

(四)期货公司发展领先,期现结合成效明显

截至2019年底,浙江省共有期货公司12家,期货公司分公司34家,期货营业部216家;全省期货投资者开户数50.75万户,期货经营机构客户保证金余额607.17亿元。2019年,全省期货经营机构累计实现代理交易额49.11万亿元、手续费收入17.06亿元、利润总额17.58亿元;期货公司累计实现代理交易额42.61万亿元、营业收入38.78亿元、利润总额17.03亿元。南华期货于2019年8月成为首家境内A股主板IPO上市期货公司。在2019年期货公司分类评价中,永安期货、南华期货、浙商期货获评AA。同时,浙江省7家风险管理子公司利用套期保值、场外衍生品等期现结合模式,持续提升服务实体企业的广度和深度,全年累计服务客户18.77万家次,实现营业收入357.50亿元,净利润2.28亿元,提供服务的交易品种涵盖化工、农产品、贵金属等50余个品种,在服务中小微企业、"三农"扶贫领域发挥了积极作用。如2019年度"保险+期货"项目推行全县域覆盖模式,为整个县域的特定农产品提供风险管理服务,受惠农户农企更加广泛,全年共开展项目73次,服务"三农"客户16.93万家次,主要品种包括大豆、棉花、玉米、天然橡胶、白糖、鸡蛋、苹果等。

(五)私募行业集聚发展特色突出

近年来,浙江民间资本充沛、市场化程度较高,股权投资行业募投活跃,成为促进资本形成、推动地方经济转型升级重要支持力量。截至 2019 年底,全省完成登记的私募基金管理人共有 2909 家,已备案私募基金 9364 只,实缴规模 12039 亿元。浙江私募基金集聚区建设更具规模,杭州玉皇山南基金小镇、余杭梦想小镇等形成了推动金融要素集聚的空间支撑体系(见表 4-3、表 4-4)。

表 4-3　2019 年浙江证券期货经营机构基本情况

指标名称	2019 年末数
证券公司/家	5
证券公司分公司/家	102
证券营业部/家	1021
证券投资咨询机构/家	3
基金公司/家	3
期货公司/家	12
期货公司分公司/家	34
期货营业部/家	216
已登记私募基金管理人/家	2909
已备案私募基金/只	9364
已备案私募基金管理规模/亿元	12039

表 4-4　2019 年浙江证券期货交易情况

指标名称	2019 年	同比增长率
证券经营机构代理交易金额/亿元	421655.10	29.98%
其中:A、B 股交易额/亿元	276779.41	45.86%
基金交易额/亿元	9592.04	−6.57%
证券经营机构代理交易手续费收入/亿元	93.93	33.71%
证券经营机构利润总额/亿元	29.77	121.69%

指标名称	2019 年	同比增长率
证券经营机构托管市值/亿元	31945.51	46.51%
证券经营机构客户交易结算资金余额/亿元	1095.28	41.65%
证券投资者开户数/万户	2012.95	9.15%
期货经营机构代理交易额/亿元	491082.21	25.38%
期货经营机构代理交易手续费收入/亿元	17.06	−0.20%
期货经营机构利润总额/亿元	17.58	29.17%
期货经营机构客户保证金余额/亿元	607.17	21.50%
期货投资者开户数/万户	50.75	7.38%

二、浙江省资本市场当前存在的主要问题及风险

(一)上市公司方面

2019 年,浙江省境内上市公司数量保持全国领先,生产经营总体平稳,企业社会责任贡献持续提升,资本市场融资渠道更加多元,但也存在非标意见增多、亏损额扩大、退市及违规风险显现等问题。一是非标审计意见增多。2019 年已披露财务审计报告的 449 家公司,共有 27 家被出具非标审计意见,比 2018 年增加 9 家。非标审计意见包括 13 家带强调事项段的无保留意见、10 家保留意见以及 4 家无法表示意见。二是亏损面收窄但亏损额扩大。2019 年,浙江境内上市公司共有 45 家亏损,亏损家数较上年减少 9 家,累计亏损金额 475 亿元,较上年高出 26.7%;平均单家公司亏损金额 10.6 亿元,是上年单家亏损额的 2 倍多。三是违规及退市风险显现。上市公司大股东高比例股权质押、债券违约等风险相互交织,流动性风险凸显,影响了部分上市公司的正常生产经营。大股东侵占上市公司利益的动机增强,资金占用、违规担保等现象有所抬头。个别上市公司出现退市风险。

(二)债券市场方面

近年来,浙江省公司债券市场快速发展,公司债存续规模不断扩大,全国首单可续期公司债、首批 PPP 资产证券化产品等债券新品种也在浙江先行先试。截至 2019 年 12 月底,浙江共有 245 家企业存续公司债券 594 只,存续规模 5061.33 亿元,同比增长 29.51%。2019 年和 2020 年浙江省公司债券兑付压力较大,最大兑付规模分别为 1689.20 亿元和 1404.44 亿元,相比以前年度有较大幅度的增长。伴随债券兑付高峰到来,必须警惕和妥善处置流动性风险和信用风险。截至 2019 年 12 月底,浙江公司债券市场有多家发行人已进入实质性违约阶段,合计金额超百亿元。

(三)私募机构方面

私募行业的集聚发展,在促进资本与产业有效融合、解决企业融资难题、满足居民多元化财富管理需求等方面发挥了积极作用。但私募行业鱼龙混杂、规范程度良莠不齐,个别私募机构突破监管底线、侵害投资人利益、涉嫌违法违规等问题时有显现;有的甚至涉嫌非法集资、开展资金池业务,存在较大涉众风险。从 2018 年下半年开始,随着经济下行及其他行业风险传导影响,浙江部分私募机构出现兑付困难、被接管控制和被公安机关立案侦查等现象。

三、2020 年度浙江省资本市场发展展望

2020 年,浙江资本市场将坚持以习近平新时代中国特色社会主义思想为指导,深化改革,向成为一个规范、透明、开放、有活力、有韧性的资本市场迈进,更好地服务全省经济高质量发展大局。

(一)全省资本市场规模有望进一步扩大

证券市场方面,依托于浙江省政府"凤凰行动"计划、"小微企业三年成长计划"等工作部署,各级地方政府及相关部门对推动企业对接多层次资本

市场的重视程度很高,浙江企业对接资本市场的政策环境更加有利,从而进一步满足资金需求,推进新旧动能转化和产业升级。在科创板试点注册制、创业板注册制改革的政策推动下,浙江符合条件的创新企业对接、登陆资本市场的机会更多,融资渠道进一步拓宽;在新三板改革的背景下,符合条件的创新层企业可以通过公开发行股票进入精选层,精选层企业有机会转板上市;根据证监会的部署和指导,浙江省股权交易中心开展业务创新试点也拉开序幕,为更多优质企业进入资本市场提供服务。交易所债券市场方面,随着证监会多项便利直接融资的政策措施出台,浙江企业可更加灵活运用多元化直接融资工具以市场化方式扩大企业融资规模,降低融资成本。

(二)证券期货基金经营机构继续向优质化方向发展

证券基金经营机构继续突出主业、回归本源,通过差异化发展和专业化经营,更好发挥资本市场投融资中介功能,在服务实体经济、纾困民营企业、保护投资者权益等方面大可作为。期货经营机构深入探索借助期现结合等方式帮助实体企业开展风险管理、实现降本增效,期货市场服务实体企业的广度和深度不断提升。2020年,在市场环境的积极引导下,证券基金期货经营机构将更注重以服务和专业能力创造价值,向更优质的方向发展。

(三)市场环境日趋复杂,风险防控难度增加

当前,资本市场风险防控工作面临的形势依然复杂严峻。一是上市公司质量有待进一步提升;二是公司债发行人流动性风险仍需重点关注;三是私募机构规范性有待加强,部分机构兑付风险仍在处置过程中。2020年,要全力打好防范化解重大金融风险攻坚战,坚持市场化、法治化原则,盯紧大股东股票质押、债券违约、私募基金等重点领域,积极推动存量风险化解,严格防范增量风险,维护浙江资本市场健康稳定发展。

(本报告由中国证监会浙江监管局提供)

第五章　2019年度浙江省保险业发展报告

　　2019年1—12月，浙江省（含宁波，下同）实现保费收入2627.28.7亿元，同比增长15.55％，高于全国增速3.4个百分点，全国排名第四位，排名与年初持平。全省保险业为社会提供风险保障726.3万亿元，同比增长9.1％，支付各类赔款及给付877.56亿元，同比增长15.2％。截至2019年末，全省保险公司资产共计5480.94亿元，同比增长13.3％。

　　辖内共有各类保险机构3218家[①]。其中，总公司4家，农村保险互助社1家，省级分公司84家（财产险公司38家，人身险公司46家），中心支公司426家，支公司1061家，营业部239家，营销服务部1403家。截至2019年末，辖内共有省级以上保险专业中介机构242家，保险中介从业人员45.00万人。

一、2019年度浙江省保险业运行总体状况

（一）财险公司增长平稳，业务结构调整深化

　　财产险公司保持平稳发展势头。全省财产险公司实现保费收入874.90亿元，保费规模居全国第三位，同比增长10.3％，较2018年同期下降0.6个百分点，低于全国0.7个百分点。

　　非车险业务增长强劲，业务占比继续提高。财产险公司非车险业务实

---

　　① 数据来源：保险机构和高管人员管理信息系统——保险机构地区分布表。

现保费收入 299.70 亿元,同比增长 22.4%;车险实现保费收入 575.20 亿元,同比仅增长 4.9%,低于非车险增速 17.5 个百分点。非车险与车险保费比为 34.3∶65.7,非车险占比较 2018 年底上升 4.5 个百分点。互联网保险公司整体增长较快,7 家互联网保险公司平均保费增长率为 84.1%。非车险各险种中,其他险、责任险和意外伤害险增长较快,同比分别增长 179%、51.6% 和 33.5%;工程保险、特殊风险保险同比则分别下降 9.4% 和 10.5%。

(二)财险公司上半年盈利能力稳步提高,巨灾削减全年实际利润

2019 年 1－12 月,全省财产险公司实现承保利润 3.91 亿元,同比下降 78.29%,全国排名第二十五位。承保利润率 0.56%,高于全国 0.54 个百分点,较年初下降 2.26 个百分点。2019 年 1－7 月浙江财险业盈利能力稳步回升,8 月末实际承保利润断崖式下降,反映出财险业拿出"真金白银"抗击超强台风"利奇马",全力做好各项抢险救灾和灾后恢复重建工作。

车险业务实现承保利润 4.9 亿元,较上年减少 12.8 亿元,同比减少 72.6%;非车险实现承保利润 4.5 亿元,较上年减少 3.9 亿元,同比减少 46.6%。

非车险业务各险种中,仅家庭财产保险、责任险、信用保险、保证保险实现盈利,而工程保险、企财险、船舶保险、货运险、特殊风险保险、农业险、健康险、意外险和其他保险均呈现亏损状态。

分公司看,盈利集中度继续上升。37 家财产险公司中 14 家实现盈利,盈利面为 37.8%,较年初下降 15 个百分点。

从指标看,2019 年承保利润稳步增长得益于全省财产险公司费用水平全面下降,行业发展质量扎实提升。1－12 月,综合费用率和手续费用率分别为 31.28%、14.28%,较年初分别下降 1.82 个、4.62 个百分点,分别低于全国 4.24 个、－0.73 个百分点。其中,车险综合费用率和手续费用率分别为 33.56% 和 15.76%,较年初分别下降 2.22 和 6.49 个百分点。

(三)人身险公司增速全面回暖,外资险企拓展热情提升

全省人身险公司实现保费收入 1558.8 亿元,同比增长 18%,增速较 2018 年同期上升 16.8 个百分点,高于全国增速 5.8 个百分点。其中,寿险业务 1247.2 亿元,同比增长 17.4%,增速较 2018 年同期上升 16.5 个百分点;健康险业务 275.2 亿元,同比增长 24.9%,增速较 2018 年同期上升 20.5 百分点;意外险业务 36.38 亿元,同比减少 4.6%,增速较 2018 年同期下降 18.2 个百分点。

分月度看,人身险业务保费收入增速保持总体平稳。分险种看,寿险和健康险是拉动保费增长的主要动力,同比分别增长 17.4% 和 24.9%,意外险则一改 2018 年的强势增长,同比减少 4.6%。分公司性质看,外资公司和中资公司增速分别为 47% 和 16%,外资公司明显领先于中资公司。2019 年我国推出 12 条对外开放新措施,外资险企拓展经营信心明显增强,增速远高于行业平均水平。

(四)人身险公司业务成本利润率向好,内生动力调档转换

2019 年全省人身险公司支付手续费及佣金 207.8 亿元,同比增长 18.5%,业务及管理费支出 97.2 亿元,同比增长 11%,主要成本支出增幅小于均保费收入增幅(19%),同期营业利润为－221 亿元,亏损额同比减少 27.9%。业务渠道逐步转型。银邮代理和保险专业代理渠道实现的保费分别增长 26.9% 和 112.8%,渠道保费占比分别提高 1.54 个和 0.57 个百分点。保障功能更为凸显。2019 年全省普通寿险保费增长 32.3%,分红型寿险保费增长 10.1%,投连险和万能险同比增长 2.8% 和 3%。人身险公司整体流动性得到进一步改善。2019 年全省人身险公司发生退保金 242.1 亿元,同比减少 4.72%;赔付支出 263.8 亿元,同比上升 6.3%。有 10 家公司退保率高于 5% 的警戒线,较年初减少 10 家。

(五)中介领域违规机构和业务双降,行业数据真实性稳步提高

全省中介市场实现近 8 年中介机构数量首降。截至 2019 年末,全省注

销10家省级分公司和80余家省级以下分支机构,8家机构自行暂停车险业务并进行整改。中介主体数量和分支机构总量较中国银保监会浙江监管局"三定"前分别减少7家和28家,中介从业人员减少5万人。

从中介业务看,中介机构车险业务规模和占比呈下降趋势。7至11月,中介机构车险业务规模同比下降16.5%,其中专业代理同比下降15.5%,经纪机构同比下降30.7%。截至2019年末,中介机构车险保费占比69.3%,较2018年同期下降11.2个百分点。行业数据真实性进一步提升。1—12月,全省清理中介机构车险保费数据7.06亿元,补全执业登记信息35.7万条。

(六)保险保障功能显著提高,服务民生能力增强

一是保障水平稳步提高。1—12月,浙江省保险业为社会提供风险保障726.3万亿元,同比增长9.1%。其中,财产险公司为社会提供风险保障663.5万亿元,同比增长8.4%;签单数量236.88亿件,同比增长235.4%。人身险公司为社会提供风险保障62.74万亿元,同比增长17.6%;截至2019年末,有效承保人次2.39亿,同比增长5.35%。

二是赔付力度持续加大。1—12月,财产险公司累计赔付支出613.7亿元,同比增长19.4%。人身险公司累计赔付支出263.8元,同比增长6.4%。其中,满期给付99.55亿元,同比增长10.2%;年金给付65.93亿元,同比减少15.3%;死伤医疗给付45.2亿元,同比增长28.95%;赔款支出53.1亿元,同比增长18.6%。

三是服务实体经济成效显著。2019年,小额贷款保证保险累计帮助近12253家次小微企业获得贷款约30亿元(本段数据不含宁波)。出口信用保险支持了11549家次企业近722.6亿美元的出口值。首台(套)保险补偿机制为工业企业技术创新提供20.5亿元的风险保障。关键研发设备保险为价值39.7亿元的关键设备研发提供支持,科技类保险为高新技术企业提供风险保障4107亿元。助推脱贫攻坚,聚焦农业生产,推动农业保险提质增品扩面,浙江农业保险已构建了省级险种(包括中央补贴品种)由共保体经营,地方特色险种由各公司自主经营的产品体系,现有中央险种9个,省

定险种 13 个,地方特色险种 63 个产品。推动生猪保险"三扩三增",助力生猪市场保供稳价。织牢织密民生保障网,持续推进保险机构承办大病保险项目,大病保险项目涵盖辖内 67 个县(市、区)的 3702.4 万名参(投)保人,已赔付或报销总额 20.6 亿元,赔付人次 247.9 万人次,赔付人数 56.4 万人。桐庐、嘉兴、义乌和天台等地已开展长期护理保险经办服务,岱山和温州完成招标,累计参保人数达 641.7 万人,待遇发放人数 1.9 万人。辖内老年人意外险覆盖 632.2 万名老年人,2019 年度赔付为 10.3 万余人次赔付 14000 余万元,为辖内 1.1 万家余养老服务机构提供保险责任近 557 亿元。

四是全力以赴打赢抢险救灾攻坚战。2019 年浙江省遭受"利奇马""米娜"超强台风等自然灾害的袭击,浙江省保险业众志成城,逆风而行,全面推进灾害保险理赔工作,对稳定灾后恢复重建工作起到关键作用。截至 2019 年末,全省(不含宁波)共接到因台风"利奇马"造成财产保险各类报案 115445 件,报损 57.35 亿元,估损 39.43 亿元,已赔付案件数 114800 件,全险种案件结案率 99.44%,已支付赔款 33.91 亿元。截至 12 月末,台州地区赔款已接近 22 亿元,约为当地财险行业上年承保利润的 4.6 倍。

二、2020 年度浙江省保险业发展展望

2020 年是"十三五"规划的最后一年,也是全面建成小康社会的决胜年,浙江省经济社会发展将延续稳中有变、变中求进的态势,浙江省保险市场未来成长性总体较好,但同时也面临经济下行压力不断加大,杠杆风险愈发暴露,经营环境日趋复杂,市场竞争持续升级等问题。保险业高质量发展转型任务迫在眉睫,任重道远。

从宏观形势看,我国经济发展方式由规模速度型向质量效率型转变的态势愈加显现,新发展理念已深入人心。受益于国民经济的稳定增长,浙江省保险业将继续保持稳定发展;但随着国内经济结构转变,行业及市场未来三年将产生较大变化,2020 年浙江省保险市场将处于"五期"叠加的发展阶段。

（一）产业结构变革期

总体来看，浙江经济稳中向好，经济结构持续优化，为保险业整体稳定发展奠定了坚实基础。在产业升级和结构优化的大格局下，保险业面临传统行业风险保障需求减少、新兴产业保障需求加大的局面，保费结构持续调整，财产险增速趋于稳定，人身险市场潜力将进一步释放。

对财产险业来说，车险市场增长遭遇瓶颈，受新车销量下滑、商车费改持续深化、报行合一实施及监管趋严等影响，商业车险业务持续承压，车险业务增长进入瓶颈期。另一方面，非车险行业传统企财险、工程险、船舶险等险种受市场需求趋于稳定的影响保持温和增长；而责任保险、信用、意外保险等险种将会随着政府社会治理的进步和互联网渠道的发展，继续保持高增长态势。

（二）需求红利释放期

宏观政策导向把拉动内需作为经济增长的主动力，高科技产业快速发展和传统制造业改造升级，重点区域（一带一路、大湾区、京津冀和长三角一体化等）、重点领域（"八纵八横"高速铁路网、智慧城市、乡村振兴等）基础设施建设将带动相关区域和领域的保险需求进一步释放，保险业"走出去"迈开步伐。从居民端看，消费处于结构升级和规模扩大阶段，市场销售稳定增长，升级类商品销售、服务性消费增长较快，消费需求的扩大将推动各险种高速发展，互联网技术、智能设备行业的高速发展为碎片化、场景式创新型产品开启高增长模式，个人消费领域众多"小而散"的风险是保险保障的广阔蓝海，短期健康险、意外险将保持中高速增长。从政府端看，随着政府简政放权以及责任转变的推进，责任险逐步成为辅助社会治理的有效手段，政策类、民生类、治理类业务和大健康型业务仍是增长热点。财政压力加大，城镇化、老龄化等为人身险市场创造巨大空间。收付实现制下社会保险面临巨大压力，"广覆盖、低保障"激发居民投保商业险的意愿。

(三)监管政策深化期

随着高质量发展政策引领的继续深化、车险市场报行合一政策的持续加码、保险市场乱象整治的持续推进和保险中介市场监管力度的不断提高,监管层面将持续以服务国家发展战略为指导方针,加大对重点领域违规行为的查处力度,规范市场竞争秩序。随着放宽外资保险机构准入,其他行业如互联网企业巨头跨界进入,行业主体将更加丰富,行业竞争更加多元,保险监管面对监管对象多样化,如何划分行业监管的行业边界,对我国保险业的未来发展将产生重大影响。

(四)科技创新爆发期

近年来,越来越多的科技手段运用到保险场景中。一方面,互联网流量和生态逻辑将驱动产品、获客和销售变革,基于细分客户的定制化产品将吸引年轻客户群;"保险＋科技＋服务"将改变保险运营模式,生态圈效应加速显现。另一方面,大数据、车联网、人工智能、智能穿戴等科技手段以及客户洞察、风险定价、智能理赔、智能客服等成果将广泛应用,客户体验优化,保险行业的服务特征在更多维度上得以体现。

科技创新将带来产业变革,保险经营的基础开始发生变化,大数法则在更广阔基础上得以实现,保险公司经营范围可能更加细分、专业,行业生态将加速聚合和分化。部分保险企业运营效率提升,部分技术应用滞后的企业则将被淘汰出局。中小公司将在专业化细分领域中获取一席之地,保险相关的服务型企业将获得生存发展空间,倒逼传统保险企业寻找和开拓新的蓝海市场,利用技术化挑战为机遇。科技发展对社会的影响是指数型的,未来几年保险行业很可能在某些业务、某些主体上表现出爆发式增长的现象。

(五)市场竞争阵痛期

随着保险市场进一步开放,市场竞争的不断加剧主要体现在两个方面:一是市场主体从数量增加逐渐转向种类增多,互联网等其他行业跨界进入。

互联网企业加速渗透,除积极布局个人消费信贷、健康医疗、车险产业链等关联领域外,利用客户量、数据积累和场景特性等优势的创新产品开始批量投入市场,跨界竞争加剧。二是主要竞争领域仍然集中在传统业务。车险、企财险、传统寿险等领域已然是竞争"红海",只有小部分主体在新业务领域取得先发优势,受税政调整利好因素影响,行业利润将有所提升。但传统保险承保盈利空间有限,成本结构将向"高赔付、低费用"转变,在日趋严格的监管环境和合规的市场环境下,传统业务的竞争将有增无减。

（本报告由中国银保监会浙江监管局提供）

第六章　2019年度浙江省小额 贷款行业发展报告

2019年,浙江省小额贷款公司围绕省委"融资畅通"工程的总体要求,专注主业、回归本源,坚持"小额、分散"原则,践行普惠金融理念,努力发挥"金融毛细血管"作用,在支持小微企业、"三农"以及地方经济发展中发挥积极作用。

一、2019年度浙江省小额贷款行业总体发展情况

(一)累放贷款增长

截至2019年末,全省共有小额贷款公司324家,较年初减少6家,所有者权益总计603亿元,本年累放贷款1229亿元,同比增长5.7%;年末贷款余额613亿元,同比下降9.7%;平均年化贷款利率为16.5%。

(二)"支农支小"过半

全年"支农支小"贷款共计发放67万笔,客户29万户,累放贷款625亿元,占比达到51%;2019年末贷款余额318亿元,占比达到52%。84家小额贷款公司通过专注服务小微客户的"科技自助贷"平台发放贷款16亿元,年末贷款余额5亿元,户均贷款余额4万元。

（三）经营效益增长

全省小额贷款公司全年实现营业总收入 51 亿元，实现净利润 17 亿元，同比增长 10.5%；上缴税收 10 亿元，同比增长 12.9%。年末融资余额 45 亿元，同比下降 31.1%；年末银行融资余额 14 亿元，同比下降 16.3%，其中仅有 17 家小贷公司获得银行融资支持，较 2018 年减少 3 家；

（四）风险拨备增加

全省小额贷款公司提取风险拨备金 72 亿元，平均拨备覆盖率达到 73%，同比增长 81.7%。全省小额贷款公司全年共处置不良贷款 16 亿元。

二、2019 年度浙江省小额贷款行业监管状况

2019 年，浙江省在小额贷款公司监管工作中，始终围绕打好金融风险防范化解攻坚战的目标，积极落实扫黑除恶等工作要求，坚持监管与服务并重，发挥省、市、县三级联动效应，强化风险防范，强化正向引导，规范行业发展，践行普惠金融。

（一）减量增质新进展，监管评级立标准

引导经营不善、长期停业的小额贷款公司有序退出，推动行业良性、健康发展。2019 年，省内共有 8 家小额贷款公司退出，另有 10 余家小额贷款公司被列入退出名单，下一步将引导其平稳有序退出。按照"分类监管、扶优限劣、正向激励、规范发展"的原则，完成 2018 年度全省小额贷款公司监管评级，有效引导小额贷款公司合规经营，不断做精做细，提升经营管理水平。

（二）突出特色求发展，加强合作促共赢

落实浙江省委人才办"设立全国首个人才小额贷款公司"任务，审核设立浙江人才小额贷款公司，为高层次人才提供金融服务。根据国家和

省里的转型要求，启动省内两家网贷机构转型网络小额贷款公司工作。指导省小额贷款协会与浙商银行开展融资合作，支持优质小额贷款公司依托浙商银行开发的"联贷通"平台开展"联合贷"业务，首单业务在兴合小额贷款公司落地。

（三）数据监测知动态，审计检查抓整改

通过小额贷款公司数据报送系统，及时获取小额贷款公司业务情况，形成全省小额贷款行业统计月报，并按月向中国银保监会浙江监管局和浙江省经济运行监测分析平台报送数据。在浙江省地方金融监管局"天罗地网"金融风险监测系统的整体构架中，不断完善小额贷款公司风险监测模块，作为非现场监管的重要手段。抽查 3 家小额贷款公司进行审计，利用会计师事务所专业性，发现隐蔽违规行为，引导整改提升。

（四）监管培训涨能力，座谈交流促合力

开展小额贷款公司等四类机构监管员培训，市、县监管员百余人次参加，培训内容涵盖监管政策、实务操作、金融法律法规、社会关注热点等。召开小额贷款行业座谈会，讨论银保监会小额贷款公司监管办法（征求意见稿），了解并向上反映浙江省机构诉求和政策建议。理顺省、市、县三级监管职责，发挥行业协会自律管理作用，合力促进行业规范发展。

（五）优化服务增效率，网上执法新推进

按照"零次跑"的目标要求，对有关服务事项进行颗粒度细化、审批时限压缩、申报材料精简。做好各类审批及变更服务，全年省、市两级共办理小额贷款公司审核事项 123 件。根据网上办事统一要求，开展掌上执法检查，与杭州当地金融办联合检查了 2 家小额贷款公司，并指导市、县（市、区）金融办开展网上执法检查工作。

三、浙江省小额贷款行业存在的主要问题

(一)缺乏法定"金融身份",业务开展阻碍较多

小额贷款公司法律地位不明确,导致在办理资产抵押登记、诉讼保全等手续时,经常不被视为正规金融机构,在资产认定和债务追偿中未能获得金融机构待遇,难以顺利开展业务。

(二)行业歧视较为普遍,客户银行贷款被拒

不仅小额贷款公司自身难以获得银行融资支持,小贷公司的客户也经常受到歧视。小额贷款公司普遍反映,有很多信用记录良好的小微企业和农户,在小贷公司借款周转后,在银行的正常贷款受拒。

(三)部分公司活跃度低,股东信心有所下降

小额贷款公司一直难以获得银行融资,可贷资金规模增长较慢,同时不良的累积也促使小额贷款公司在放贷时更为谨慎。全年放贷低于 10 笔的有 57 家(不含宁波),股东反映对前景缺乏信心。

四、2020 年度浙江省小额贷款行业发展重点

按照"管机构、管合规、管行为、管风险"理念,推动机构明确定位、回归本源、严控风险、突出特色,建立"融资畅通毛细血管网络",切实提升服务实体经济质效。

(一)加强行业立法,制订小额贷款公司监管细则

在《浙江省地方金融条例》立法通过后,研究制订《浙江省小额贷款公司监管细则》,进一步完善小额贷款公司监管法规体系,促进行业可持续发展。

(二)践行普惠金融,建设"融资畅通毛细血管网络"

通过年度监管评级等手段,引导小额贷款公司支小支农、利率平价,优化贷款审批流程,提高放款效率,提升服务实体经济能力,提振行业发展信心,打造一支合规理念强、资产质量好、风控水平高、创新能力优、可持续发展的普惠金融服务队伍。

(三)加强科技应用,优化运营模式与风控管理

利用互联网、大数据等技术,不断优化金融服务与运营模式,增强中小微企业融资服务的便捷性和满足感,满足多样化的小微金融需求,提高风险识别能力。

(四)优化运行环境,促进行业持续稳健发展

支持多渠道扩大融资来源,与商业银行开展联合贷等业务。支持与资产管理公司开展合作,探索批量化不良转让模式。支持协会牵头建设适用的业务运行系统,提升业务信息化、标准化水平。

(五)强化培训交流,提高监管队伍监管水平

加强监管业务培训,关注实务操作常见问题,提高监管员能力水平。建立省、市、县三级监管联系常态化交流机制,提升监管响应速度与协作水平。

(本报告由浙江省地方金融监管局提供)

第七章 2019年度浙江省股权投资行业发展报告

一、2019年度浙江省私募股权投资市场发展概况

(一)2019年浙江股权投资政策环境分析

2019年,浙江省积极出台一系列政策为股权发展创造良好环境。浙江省财政厅全面总结三年来全省政府产业基金的投资运作情况,积极打造政府产业基金2.0版。为贯彻落实政府产业基金2.0版更好地发挥省转型升级产业基金作用,省财政厅对原办法进行了修订。2019年2月15日浙江省财政厅《关于印发浙江省转型升级产业基金管理办法的通知》(浙财企〔2019〕4号)(以下简称《管理办法》)发布,对产业基金的功能定位、投资项目、投资方式、决策机制、投资程序、投资进度、投资安全方面进行了修订。其中,在功能定位上,从原来注重杠杆撬动,引导社会资本加大投资力度,转为注重政策引导转变,加强省市县联动,落实党委、政府意图,强化政策引领,提升政府产业基金的影响力和作用力。在投资方向上,从原来投资比较分散,统筹支持重点不突出,转为聚焦聚力省委、省政府中心工作,主要投向数字经济、金融稳定、创业创新等领域,加大对重点领域和重大产业的投资力度。在投资项目上,从原来偏重纯市场化项目,转为主要投向政府关注类项目,如"省市县长工程"等重大产业项目,以及政府鼓励的创业创新类项目。新《管理办法》的出台象征着产业基金的政策引导性加强,对数字经济

等政府重点关注领域针对性投资力度加大,通过省市县三级联动方式帮助地方产业更快更好地进行转型升级。

除对已设基金的政策调整外,浙江省积极设立其他发展基金,以针对性支持区域产业发展。2019 年 9 月 16 日据省领导关于打造政府产业基金2.0 版的相关指示精神,以及《浙江省转型升级产业基金管理办法》等相关规定,省发展改革委会同浙江省财政厅制定了《浙江省特色小镇产业金融联动发展基金组建运作方案》(以下简称《省特色小镇基金方案》)以吸引社会资金投资浙江特色小镇重大项目建设。省特色小镇基金总规模 100 亿元,由省转型升级基金出资 10 亿元带动市县以及社会资本共同投资,围绕省级特色小镇中的实体企业开展投资,为特色小镇产业发展提供专业投融资服务及智力支持。截至 2019 年底,浙江共有 23 个省级特色小镇,110 个省级特色小镇创建对象,省特色小镇基金的设立为特色小镇的招商引资集约化,多产业差异化注入新活力。

投资机构注册方面,2019 年 3 月 11 日浙江互联网金融风险专项整治办下发《关于互联网金融风险专项整治期间涉及有关企业工商注册登记、网站备案和电信业务许可等事项的指导意见》(以下简称《意见》),明确了企业注册名称和经营范围中使用"股权投资""股权投资基金"两类字样的从事股权投资业务的企业的注册登记工作。受 P2P"爆雷"等多种因素影响,2018年多地私募基金注册一直处于收紧状态,杭州、宁波等地停止注册资产管理类公司。《意见》的出台标志浙江面向股权投资机构重新开启注册大门,新设私募投资类企业的注册进程加快。

合理的政策办法、简便快捷的服务体系、完备丰富的创新创业支持,浙江省政府依靠各类政策创造出浙江良好的股权投资环境。

(二)浙江股权投资业发展特点

1. 多方新政扎实推进,打造高质量"双创"生态

2019 年浙江省人民政府《关于推动创新创业高质量发展、打造"双创"升级版实施意见》(浙政发〔2019〕9 号)明确提出要深入实施创新驱动发展战略,进一步激发市场活力和社会创造力,打造高质量的"双创"生态。为此,

浙江出台了一系列指导意见及优惠政策，从服务环境建设、创新人才升级、推进减税降费、资金链支持等多方面多角度激发市场活力与社会创造力。

服务环境建设方面，浙江省自 2016 年推出"最多跑一次"改革，到 2019 年 7 月 5 日"深化'最多跑一次'改革，推进政府数字化转型"第七次专题会议的召开，标志着浙江数字化转型工作已步入集成创新出成果的新阶段。浙江"最多跑一次"改革推进"互联网＋政务服务""互联网＋监管"和城市大脑、新型智慧城市等建设，将企业开办、房地产交易、用水用电用气、获得信贷、纳税服务等营商环境便利化，并以"最多跑一次"改革为牵引，建立起完备的人才引进制度，在人才落户、配偶就业、子女入学、医疗、住房、社会保障等方面提供一站式服务，吸引了各类创新创业人才。浙江"最多跑一次"改革推动了发展环境的升级，提升了创新创业服务的便利化水平。

创新人才方面，2019 年 7 月 6 日浙江省人力资源和社会保障厅印发《关于支持和鼓励高校科研院所科研人员兼职创新创业的指导意见（试行）》，支持和鼓励高校科研院所科研人员兼职及创新创业，破除制约科研人员创新创业的体制机制障碍。同时，浙江省还注重创新创业人才、项目的引进与对接。2019 年 11 月，浙江省委、省政府主办"2019 杭州国际人才交流与项目合作大会"，来自 26 个国家和地区的 228 所高校和科研院所携 1200 多个高质量项目参会，推出数字经济、生命健康、智能制造等相关领域岗位 3 万余个。此外，2019 年浙江首次在余杭区试点实施人才创业新险种，以解决高层次人才创业研发的后顾之忧、为创新创业激情提供重要的保障机制。

减税降费方面，浙江省政府先后出台《关于落实重点群体创业就业有关税收优惠政策的通知》（浙财税政〔2019〕8 号）、《关于做好 2019 年高校毕业生求职创业补贴发放工作的通知》（浙人社发〔2019〕13 号），为创业人才提供资金保障。同时，对于政府重点发展领域企业、中小企业等，浙江省都有相应的普惠性减税政策出台，如浙江省人民政府办公厅《关于印发浙江省企业减负降本政策》，为不同发展阶段的企业提供针对性帮助。

资金链方面，政府引导基金作为财政支出的创新方式之一，在"双创"建设中扮演着愈加重要的角色。2019 年，多项引导基金的新管理办法出台，对创业创新类项目的鼓励力度加大。杭州市和宁波市分别制定新的引导基金管理办法。2019年6月,《杭州创业投资引导基金管理办法》完成修订并正式实施,大大提高了政府让利力度,将原办法修改为"投初创的资金为引导资金实际出资额的1.5倍,投杭州本地的资金为引导资金实际出资额的2倍",更有利于创投机构增加募集资金规模,吸引更多民间资本投入实体经济中。宁波方面,2019年新修订的《宁波市天使投资引导基金管理办法》明确了引导基金规模为10亿元,采用跟进投资和阶段参股两类方式支持创新型初创企业发展。

多方面政策的出台创造了良好的创新创业发展环境,人才链、产业链、福利链、资金链的结合,打造出全生命周期的创新创业生态体系。

2.新动能产业加快成长,"双创"生态更加完整

2019年,浙江省大力发展数字经济,同时注重新制造业的转型升级,加快新动能的成长。据国民经济和社会发展统计公报披露,浙江省全年以新产业、新业态、新模式为主要特征的"三新"经济增加值占GDP的25.7%。数字经济核心产业增加值6229亿元,按可比价计算比上年增长14.5%。高技术、高新技术、装备制造、战略性新兴产业增加值分别增长14.3%、8.0%、7.8%、9.8%,占比分别为14.0%、54.5%、40.9%和31.1%。

数字经济核心产业的快速增长,离不开政策的积极引导。浙江省政府将数字经济视为推动浙江高质量发展的"一号工程",近年来重点落实统筹推进数字经济发展,大力发展数字产业,推进产业数字化转型,加快新型信息基础设施升级。2019年浙江省先后出台了《浙江省"城市大脑"建设应用行动方案》《浙江省数字大湾区建设行动方案》《关于加快推进5G产业发展的实施意见》《浙江省推进数字化园区建设实施方案》等促进数字经济发展的若干政策意见。通过发展数字产业平台、深入推进传统制造业数字化转型,实施"数字技术＋先进制造"示范工程以加快新旧动能转换。2019年,浙江数字经济发展取得重大突破。数字经济大湾区的建设推动了跨区域基础设施的互通互联,孕育优质数字产业重大项目;"5G＋"数字化项目落地,从政策制定到5G建设落地都取得了巨大的进展;之江实验室、浙江大学、阿里达摩院"一体两核"和特色小镇等的数字创新平台建设,集聚高端人才,为数字经济发展提供完备科技保障;杭州eWTP智慧物流枢纽二期开工建

设,阿里云supET工业互联网创新中心正式揭牌,提高推动浙江传统产业转型升级的驱动力。

数字经济的发展带动了传统动能的修复,使浙江省迎来新制造业的快速发展。新制造业的数字化成效显著,智能车间、智能工厂建设普及,通过网络化、协同制造、个性化定制、服务型制造等新模式、新业态促进产业结构化转型。浙江省经济和信息化厅厅数据显示,截至2019年,浙江已创建省级工业互联网平台65个,累计上云企业超过35万家,在役工业机器人8.9万台。

浙江省顺应国务院关于加快制造强国建设的决策部署,为新制造业发展提供了优质的政策土壤。2019年10月15日,国家制造强国建设专家论坛(宁波)举行,浙江省提出将打造绿色石化、节能与新能源汽车、数字安防、现代纺织四大世界级产业集群的战略规划。同时,2019年浙江省各地分别出台相应政策以发展高质量新制造业。杭州方面,2019年推出"新制造业计划",确定杭州新时代制造业高质量发展的战略目标,明确制造业的发展重点。"新制造业计划"推动了机械、化纤、化工、橡胶、纺织、服装等传统制造业的改造提升,具有调整优化制造业结构的重要意义。在杭州余杭工业互联网小镇的秒优大数据科技(杭州)有限公司利用工业互联网系统捕捉缝纫车间工人的动作进行分析,以形成效率优化建议,全面提升了生产加工的质效水平。宁波方面,传统制造业一直围绕省市数字经济"一号工程"进行决策部署,陆续出台了《宁波市智能经济发展中长期规划(2016—2025年)》《宁波市全面改造提升传统制造业实施方案(2017—2020年)》等推动制造业数字化、智能化改造的政策,有效推动数字化智能化改造的不断深入。2019年5月15日召开的全市建设"246"万千亿级产业集群动员大会,发出实体经济尤其是先进制造业高质量发展的动员令。2019年,宁波引进建设智能制造产业研究院、智能制造技术研究院、工业互联网研究院、宁波人工智能产业研究院、西电智能制造服务中心等一批重大数字技术创新平台,助力传统制造业数字化改造。

良好的"双创"生态促进了新兴产业发展,同时数字经济为传统制造业提供了数字化支撑,激起新制造业的蓬勃发展活力。数字经济和新制造业"双引擎"驱动,为"双创"生态发展提供营养,为"双创"产业建设提供发展方向,使"双创"生态更加完整。

3.科创板拓宽退出渠道,"凤凰行动"迎变革契机

2019 年 1 月 30 日,全国证监会和上海证券交易所密集下发多份针对科创板的政策规则,包括《科创板首次公开发行股票注册管理实行办法》(征求意见稿)等 3 份部门规章和 6 份交易所规则,设立科创板并试点注册制。科创板的推出,给很多成长空间大、发展速度快,但受限于利润等指标的创新型企业提供了更好的融资支持,同时拓宽了投资机构的退出渠道。截至2019 年 12 月 31 日,全国科创板上市公司数量达 76 家(70 家已挂牌交易),合计融资超 820 亿元。其中上海科创板企业数量为 13 家,排名第一;江苏、北京紧随其后,数量为 12 家;浙江排名第五,科创板上市公司数量为 8 家(见图 7-1)。

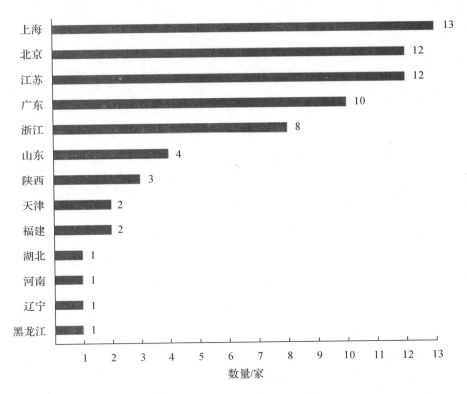

图 7-1　2019 年全国科创板上市公司地区分布

数据来源:www.pedata.cn。

浙江企业境内 IPO 数量和上海地区一致,为 43 起,排名第三(见图 7-2)。浙江科创板上市企业相较于其他地区数量较少的原因主要是考虑到科创板政策的不确定,许多同时符合科创板及其他版块上市条件的企业选择在其他版块上市。另一方面,浙江科创平台刚刚兴起,孵化合适的上市企业需要一定的时间。可以预见,近年设立的未来科技城、青山湖科技城、之江实验室、达摩院、西湖大学、清华长三角研究院等科创平台后续将孵化更多的科创板企业,更好地助力"凤凰行动"实施。

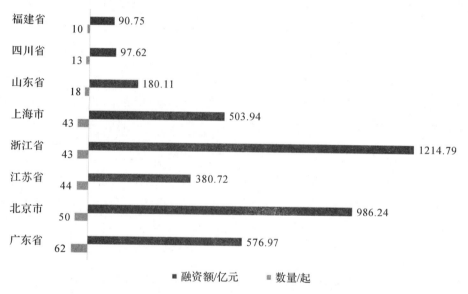

图 7-2　2019 年部分省份境内 IPO 数量和融资额地域分布

数据来源:www.pedata.cn。

浙江省自 2017 年发布推进企业上市和并购重组的"凤凰行动"计划以来,大力推动多项措施,推进企业股改培育工程、上市公司倍增计划、并购重组行动等,获得了较好的上市成绩。2019 年,科创板落地更为"凤凰计划"实施提供了强大的助力。全年浙江共有 25 家公司在 A 股上市,其中主板 10 家,科创板 8 家,创业板 7 家。截至 2019 年 12 月 31 日,浙江境内上市公司 458 家,累计融资 11408 亿元;其中,中小板上市公司 142 家,占全国中小板上市公司的 15.1%;创业板上市公司 89 家,占全国创业板上市公司的 11.3%。2019 年是浙江实施"凤凰行动"计划的第三年,随着科创板制度的施行，"凤凰行动"激发了各级政府推动股改上市热情，省市县三级联动，建立了企业上市资源库。据浙江金融监督管理局数据显示，全省已形成100家科创板后备企业和1000家拟上市企业资源队伍。

尽管2019年浙江上市企业取得较好成绩，但上市企业数量相较北京和广东仍有一定差距。面对资本市场的深化改革，浙江需加快推出"凤凰行动"2.0版本，从提升上市公司水平、防范化解资本市场风险、产业动能升级等方面优化股权投资市场发展。浙江2017年开始实施的"凤凰行动"计划，主要关注企业股改培育工程、上市公司倍增计划及并购重组行动。接下来，面对科创板的落地、注册制的推出、新三板的全面深化改革，浙江应该抓住机遇，顺应国家动能升级的战略目标，注重股权投资行业的链条延伸。以政府产业基金为例，政府产业基金需继续发挥产业引导作用，加大对初始、创业期企业的投资力度，前移优质科创板储备项目的培养期。同时配合一系列政策鼓励，引导储备企业顺利发展，成功上市退出，从而优化产业结构，推动产业升级。另外，对已上市企业，面对愈加宽松包容的投资环境，政府引导基金作用将更为多元。针对满足再融资，创业板重组上市，科创板分拆上市等条件的企业，可设置专项基金提供支持，以更好地服务科技创新企业的再发展。

依靠良好的双创生态建设，浙江产业发展活力涌现，配合科创板的强大助力，浙江"凤凰行动"实施取得优异成绩。面对资本市场的深化改革及浙江科技创新的蓄力发展，浙江将迎来"凤凰行动"2.0版本，推动更多的优质企业上市，高质高效完成"凤凰行动"目标。

二、2019年度浙江省股权投资市场发展分析

（一）2019年浙江省股权投资机构现状概述

根据中国证券投资基金业协会（以下简称基金业协会）数据，截至2019年12月31日，浙江在中国证券投资基金业协会备案的私募基金管理人共有2909家，较2018年增加19家；管理私募基金9364支，较2018年增加

1100支；管理基金规模超12522.15亿元，较2018年增加1629.15亿元。其中资金规模10亿元以上214家，杭州112家，宁波69家，嘉兴17家，金华6家，湖州4家，绍兴3家，丽水2家，台州1家。资金规模50亿元以上39家，杭州18家，宁波14家，嘉兴4家，湖州3家。

根据私募通数据统计，募资方面，2019年浙江股权投资市场共新募集223只基金，披露的募集资金达435.34亿元，其中杭州市股权投资市场共新募集152只基金，披露募集资金达269.40亿元；宁波市股权投资市场共新募集42只基金，披露募集资金达132.77亿元。仅有1只基金为美元基金，人民币基金在浙江股权投资市场的主导地位依旧稳固。

投资方面，截至2019年，浙江股权投资市场共发生投资案例数量818笔，披露投资金额达578.93亿元。从机构类型上来看，早期投资、创业投资（VC）、私募股权投资（PE）浙江均在全国排名四到五名，投资环境较好。

退出方面，2019年浙江股权投资退出案例数量达到357笔，其中被投企业IPO数量233笔，企业IPO成为退出的主要渠道。

（二）2019年浙江省早期投资发展分析

1.2019年浙江省早期投资募资分析

（1）浙江省早期投资机构募资总量分析

受2019年政策环境及宏观经济带来的"募资难"影响，2019年国内早期募资较往年有所下滑，募资基金数量和募资金额呈现双降。私募通数据显示，2019年全国募资基金数量为84只，其中披露金额的新募基金数量为84只，募资金额为119.25亿元。浙江早期机构新募基金数量为6只，其中披露金额的新募基金数量为6只，募资金额达8.61亿元，募资案例数居全国第三（见表7-1）。

表7-1　2019年浙江早期投资机构募集总量与国内其他主要省份比较

省份	新募资基金数(总数)/只	基金数比例/%	新募资基金数(披露金额)/只	募资金额/亿元	募资金额比例/%	平均新增资本量/亿元
北京市	41	48.81	41	47.08	39.48	1.15
上海市	15	17.86	15	15.15	12.70	1.01
广东省	6	7.14	6	3.35	2.81	0.56
浙江省	6	7.14	6	8.61	7.21	1.43
江苏省	5	5.95	5	12.90	10.82	2.58
四川省	3	3.57	3	0.75	0.63	0.25
陕西省	2	2.38	2	4.80	4.03	2.40
其他	6	7.14	6	26.61	22.31	4.44
合计	84	100.00	84	119.25	100.00	—

数据来源:www.pedata.cn。

(2)浙江省早期投资机构募资币种分析

私募通数据显示,就募集币种来看,2019年浙江省有6只早期投资基金完成募集,均为人民币基金。

(3)浙江省早期投资机构募资总量按地市分布分析

从浙江省早期投资机构募资情况来看,杭州市的募资基金数量最多,宁波市的披露募资金额最大。私募通数据显示,2019年在浙江创业投资机构中杭州市新募基金数量为5只,占比83.33%,在浙江省排名第一,已披露金额的新募基金数量为5只,募资金额3.28亿元,募资金额占比为38.12%。宁波市新募集基金数量为1只,基金数占比16.67%,已披露金额的新募集基金数量为1只,募资金额为5.33亿元,比例达35.87%(见表7-2)。

表7-2　2019年浙江早期投资机构募集总量按地市分布

城市	新募资基金数(总数)/只	基金数比例/%	新募资基金数(披露金额)/只	募资金额/亿元	募资金额比例/%	平均新增资本量/亿元
杭州市	5	83.33	5	3.28	38.12	0.66

城市	新募资基金数（总数）/只	基金数比例/%	新募资基金数（披露金额）/只	募资金额/亿元	募资金额比例/%	平均新增资本量/亿元
宁波市	1	16.67	1	5.33	61.88	5.33
合计	6	100.00	6	8.61	100.00	

数据来源：www.pedata.cn。

2.2019 年浙江早期投资规模分析

（1）早期投资机构投资浙江企业情况分析

受宏观环境和政策影响，2019 年募资困境仍未消除，早期投资较为谨慎，更多的资金集中于投资"头部项目"。浙江得益于阿里、网易等科技企业的带动效应以及完善的"双创"生态发展，早期投资市场发展良好。私募通数据显示，2019 年浙江企业合计发生早期投资 174 起（即全国各地区机构投资浙江地区企业），仅次于北京、广东、上海，在全国排名第四，占比 13%，其中披露金额的投资案例 147 起，合计投资金额 13.26 亿元（见表 7-3）。

表 7-3　2019 年浙江早期投资总量与国内其他主要省市比较

省份	投资案例数（总数）/起	案例数比例/%	投资案例数（披露金额）/起	投资金额/亿元	投资金额比例/%
北京市	414	30	359	31.88	28
广东省	233	17	213	23.01	20
上海市	200	15	171	16.72	15
浙江省	174	13	147	13.26	12
江苏省	83	6	74	9.24	8
四川省	46	3	43	3.50	3
湖北省	42	3	33	2.69	2
安徽省	33	2	29	2.52	2

续表

省份	投资案例数（总数）/起	案例数比例/%	投资案例数（披露金额）/起	投资金额/亿元	投资金额比例/%
福建省	30	2	29	2.60	2
天津市	15	1	13	0.68	1
其他	92	7	79	7.26	6
合计	1362	100	1190	113.36	100

数据来源：www.pedata.cn。

(2)早期投资机构投资浙江企业情况按行业分布分析

从2019年早期投资机构投资浙江企业的情况来看,浙江早期投资的行业集中度非常高,大量的投资集中于IT和互联网行业。浙江是阿里、网易等互联网巨头企业的总部,在这些互联网企业的带动下,浙江发展了一大批IT和互联网行业的创业公司,互联网行业在浙江发展迅速。私募通数据显示,2019年浙江早期投资被投企业行业分布中IT行业投资案例数最多,达55起,占比为31.61%,其中披露金额的投资案例46起,投资金额为4.56亿元。其次为互联网行业,投资案例数为50起,占比为28.74%,披露金额的投资案例39起,投资金额为2.89亿元(见表7-4)。

表7-4   2019年浙江早期投资行业分布

行业	投资案例数（总数）/起	案例数比例/%	投资案例数（披露金额）/起	投资金额/亿元	投资金额比例/%
IT	55	31.61	46	4.56	34.35
互联网	50	28.74	39	2.89	21.76
生物技术/医疗健康	17	9.77	16	1.99	14.99
半导体及电子设备	8	4.60	7	0.78	5.85
教育与培训	7	4.02	6	0.24	1.80
娱乐传媒	7	4.02	7	0.42	3.17
电信及增值业务	6	3.45	6	1.18	8.87

续表

行业	投资案例数（总数）/起	案例数比例/%	投资案例数（披露金额）/起	投资金额/亿元	投资金额比例/%
金融	5	2.87	4	0.35	2.61
化工原料及加工	4	2.30	3	0.22	1.65
机械制造	4	2.30	4	0.22	1.67
连锁及零售	4	2.30	4	0.31	2.34
食品 & 饮料	3	1.72	3	0.06	0.41
清洁技术	2	1.15	1	0.04	0.30
建筑/工程	1	0.57	1	0.03	0.25
汽车	1	0.57	0	0.00	0.00
合计	174	100.00	147	13.26	100.00

数据来源：www.pedata.cn。

（3）早期投资机构投资浙江省企业情况按投资轮次分布分析

私募通数据显示，2019 年早期投资机构投资浙江省企业中天使轮投资案例数达 71 起，占比为 40.80%，其中披露金额的案例数为 66 起，涉及投资金额合计为 4.11 亿元，占比为 31.01%，均高于其他投资轮次。A 轮投资案例数排名第二，案例数为 43 起，占比为 24.71%，披露金额的案例数 29起，投资金额为 3.30 亿元（见表 7-5）。

表 7-5　2019 年早期投资机构投资浙江省情况按投资轮次分布

轮次	投资案例数（总数）/起	案例数比例/%	投资案例数（披露金额）/起	投资金额/亿元	投资金额比例/%
天使轮	71	40.80	66	4.11	31.01
A	43	24.71	29	3.30	24.88
Pre-A	23	13.22	22	1.93	14.54
B	13	7.47	9	0.66	4.95
A+	5	2.87	5	0.52	3.90

续表

轮次	投资案例数 (总数)/起	案例数 比例/%	投资案例数 (披露金额) /起	投资金额 /亿元	投资金额 比例/%
C	5	2.87	3	0.99	7.50
种子轮	5	2.87	5	0.16	1.21
新三板定增	3	1.72	3	0.11	0.86
Pre-B	2	1.15	2	0.35	2.64
其他	2	1.15	1	0.04	0.30
D	1	0.57	1	0.30	2.26
Pre-IPO	1	0.57	1	0.79	5.96
合计	174	100.00	147	13.26	100.00

数据来源:www.pedata.cn。

3. 2019 年浙江省早期投资退出概况

(1)浙江省早期投资机构退出总量分析

2019 年各地早期投资退出情况来看,北京市和上海市依旧是退出情况最为良好的地区,广东省随其后排名第三。值得注意的是,随着科创板的推出,全国多层次资本市场进一步完善,为投资机构退出带来重大利好,未来投资机构退出情况或将进一步好转。私募通数据显示,2019 年浙江省早期投资退出案例数为 19 起,占全国整体退出案例数比重为 10.86%,全国排名第四位(见表 7-6)。

表 7-6   2019 年浙江早期投资退出总量与国内其他主要省市比较

省份	退出案例数/起	比例/%
北京市	63	36.00
上海市	32	18.29
广东省	28	16.00
浙江省	19	10.86
安徽省	8	4.57

续表

省份	退出案例数/起	比例/%
江苏省	7	4.00
湖北省	5	2.86
福建省	3	1.71
四川省	3	1.71
其他	7	4.00
合计	175	100.00

数据来源:www.pedata.cn。

（2）浙江省早期投资退出方式分析

2019 年浙江省早期投资退出方式较为集中,以股权转让方式退出为主,受科创板影响,IPO 退出数量也有上升。2019 年浙江省早期投资所投企业退出发生了 19 笔,其中股权转让退出案例数为 10 起,占比达 52.63%（见表 7-7）。

表 7-7　2019 年浙江早期投资退出按退出方式分布

退出方式	退出案例数/起	比例/%
股权转让	10	52.63
IPO	5	26.32
并购	2	10.53
回购	2	10.53
合计	19	100.00

数据来源:www.pedata.cn。

（3）浙江省早期投资退出行业分布分析

从退出行业来看,浙江省 2019 年早期退出行业集中度非常高,主要集中在互联网和娱乐传媒行业,两个行业合计退出案例数占全部案例数的57.14%。其中,IT 达 7 起,占比 36.84%,其次为互联网行业,退出 6 起,占比 31.58%（见表 7-8）。

表 7-8　2019 年浙江早期投资退出行业分布

行业	退出案例数/起	比例/%
IT	7	36.84
互联网	6	31.58
半导体及电子设备	2	10.53
生物技术/医疗健康	2	10.53
电信及增值业务	1	5.26
金融	1	5.26
合计	19	100.00

来源:www.pedata.cn。

(三)2019 年浙江地区创业投资(VC)发展分析

1.2019 年浙江省创业投资募集分析

(1)浙江省创业投资机构募资总量分析

根据私募通统计,2019 年共计 64 只注册在浙江省的创业投资基金发生募资,全国排名第五,占比 9.12%,披露金额的新募基金数量为 64 只,募资金额为 50.15 亿元(见表 7-9)。

表 7-9　2019 年浙江创业投资募集总量与国内其他主要省份比较

省份	新募资基金数(总数)/只	基金数比例/%	新募资基金数(披露金额)/只	募资金额/亿元	募资金额比例/%	平均新增资本量/亿元
广东省	166	23.65	165	382.32	17.64	2.32
北京市	148	21.08	148	633.40	29.22	4.28
上海市	126	17.95	126	371.90	17.15	2.95
江苏省	80	11.40	79	236.66	10.92	3.00
浙江省	64	9.12	64	50.15	2.31	0.78
山东省	17	2.42	17	36.97	1.71	2.17
湖北省	13	1.85	13	32.37	1.49	2.49
湖南省	10	1.42	10	31.85	1.47	3.19

续表

省份	新募资基金数（总数）/只	基金数比例/%	新募资基金数（披露金额）/只	募资金额/亿元	募资金额比例/%	平均新增资本量/亿元
河南省	9	1.28	9	20.34	0.94	2.26
其他	69	9.83	67	371.94	17.15	5.55
合计	702	100.00	698	2167.90	100.00	—

数据来源：www.pedata.cn。

（2）浙江省创业投资机构募资按币种分布分析

根据私募通统计，从新募集币种来看，2019年注册在浙江省的64只创业投资基金均为人民币基金。

（3）浙江省创业投资机构募资总量按地市分布分析

私募通数据显示，2019年浙江创业投资机构中杭州市新募基金数量为49只，占比76.56%，在浙江排名第一，已披露金额的新募基金数量为49只，募资金额40.62亿元，占比为81%。宁波市新募集基金数量为10只，占比15.63%，已披露金额的新募集基金数量为10只，募资金额为7.25亿元，比例达14.47%（见表7-10）。

表7-10　2019年浙江省创业投资机构募集总量按地市分布情况

城市	新募资基金数（总数）/只	基金数比例/%	新募资基金数（披露金额）/只	募资金额/亿元	募资金额比例/%	平均新增资本量/亿元
杭州市	49	76.56	49	40.62	81.00	0.83
宁波市	10	15.63	10	7.26	14.47	0.73
嘉兴市	2	3.13	2	1.06	2.12	0.53
温州市	2	3.13	2	0.71	1.42	0.36
湖州市	1	1.56	1	0.50	1.00	0.50
合计	64	100.00	64	50.15	100.00	—

数据来源：www.pedata.cn。

2.2019 年浙江省创业投资规模分析

(1)创业投资机构投资浙江省企业情况分析

投资方面,浙江省企业发生创业投资 339 起(即全国各地区机构投资浙江地区企业),在全国排名第五,占比 9.81%,其中已披露交易金额的投资案例为 274 起,共计发生投资金额为 144.26 亿元。北京以投资案例数 796起位列全国第一,占比为 23.04%,已披露金额的投资案例数为 657 起,投资金额总计 380.68 亿元(见表 7-11)。

表 7-11　2019 年浙江省创业投资机构投资情况与国内其他主要省份比较

省份	投资案例数 (总数)/起	比例 /%	投资案例数 (披露金额)/起	投资金额 /亿元	比例 /%
北京市	796	23.04	657	380.67	24.13
广东省	666	19.28	595	291.77	18.49
上海市	610	17.66	496	274.19	17.38
江苏省	373	10.80	312	176.82	11.21
浙江省	339	9.81	274	144.26	9.14
四川省	104	3.01	88	31.47	1.99
湖北省	68	1.97	61	37.62	2.38
山东省	55	1.59	47	46.00	2.92
陕西省	54	1.56	46	31.04	1.97
安徽省	52	1.51	43	27.72	1.76
其他	338	9.78	260	136.24	8.63
合计	3455	100.00	2879	1577.80	100.00

数据来源:www.pedata.cn。

(2)创业投资机构投资浙江省企业按行业分布分析

私募通数据显示,2019 年浙江省创业投资被投企业行业分布中,IT 行业被投数量最多,被投案例达 103 起,占比 30.38%,披露投资金额的 84起,涉及总投资额达到 36.26 亿元,占比 25.13%。互联网行业和生物技术/医疗健康被投案例数次之,均为 58 起,占比 17.11%。其中互联网行业披露案例 45 起,总投资额达 24.09 亿元,占比 16.70%;生物技术及医疗健康披露案例 50 起,总投资额达 31.84 亿元,占比 22.07%(见表 7-12)。

表 7-12　2019 年浙江省创业投资机构投资行业分布

行业	投资案例数 /总数	比例 /%	投资案例数 (披露金额)/起	投资金额 /亿元	比例 /%
IT	103	30.38	84	36.26	25.13
互联网	58	17.11	45	24.09	16.70
生物技术/医疗健康	58	17.11	50	31.84	22.07
半导体及电子设备	28	8.26	21	706.45	4.90
电信及增值业务	17	5.01	16	12.45	8.63
机械制造	14	4.13	12	13.55	9.39
金融	12	3.54	9	2.92	2.02
娱乐传媒	11	3.24	9	2.07	1.43
清洁技术	9	2.65	6	2.68	1.86
化工原料及加工	7	2.06	7	2.09	1.45
汽车	5	1.47	0	0.00	0.00
建筑/工程	4	1.18	4	0.49	0.34
纺织及服装	3	0.88	2	0.60	0.42
其他	3	0.88	3	1.90	1.32
教育和培训	2	0.59	2	0.88	0.61
连锁及零售	2	0.59	2	2.20	1.53
物流	2	0.59	1	3.10	2.15
能源及矿产	1	0.29	1	7.26	0.05
合计	339	100.00	274	144.26	100.00

数据来源:www.pedata.cn。

(3)创业投资机构投资浙江省企业按投资轮次分析

2019 年浙江省创业投资方面,投资阶段处于 A 轮的案例数量最多,达 118 起,占比为 34.81%,披露金额的投资案例数量为 90 起,投资金额总计 38.98 亿元,占比为 27.02%。数据显示,天使轮、A 轮、B 轮等中早期轮次 的投资案例数较多,更受创业投资青睐(见表 7-13)。

表 7-13　2019 年浙江省创业投资按投资轮次分布

轮次	投资案例数 (总数)/起	比例 /%	投资案例数 (披露金额)/起	投资金额 /亿元	比例 /%
A	118	34.81	90	38.98	27.02
B	62	18.29	50	30.09	20.86
天使轮	40	11.80	30	5.92	4.10
Pre-A	31	9.14	29	3.93	2.72
C	22	6.49	16	24.04	16.67
A+	15	4.42	13	6.65	4.61
其他	11	3.24	9	2.82	1.95
D	10	2.95	8	12.41	8.60
新三板定增	9	2.65	9	3.46	2.40
B+	6	1.77	5	1.52	1.05
E	3	0.88	3	6.77	4.69
Pre-IPO	3	0.88	3	0.92	0.64
上市定增	3	0.88	3	5.36	3.72
种子轮	3	0.88	3	0.03	0.02
Pre-B	2	0.59	2	0.71	0.49
D+	1	0.29	1	0.65	0.45
合计	339	100.00	274	144.26	100.00

数据来源:www.pedata.cn。

3. 2019 年浙江省创业投资退出分析

(1)浙江省创业投资机构退出总量分析

私募通数据显示,2019 年浙江省创业投资退出案例数为 120 起,占全国创业投资退出总案例数的 10.42%,位于全国第五。北京、广东、江苏创业投资退出案例数量分别为 229 起、214 起、177 起,位列全国第一、第二、第三位,此外上海以 175 起紧随其后(见表 7-14)。

表 7-14 2019 年浙江省创业投资退出总量与国内其他主要省份比较

省份	退出案例数/起	比例/%
北京市	229	19.88
广东省	214	18.58
江苏省	177	15.36
上海市	175	15.19
浙江省	120	10.42
天津市	37	3.21
山东省	33	2.86
四川省	31	2.69
湖北省	27	2.34
安徽省	17	1.48
其他	92	7.99
合计	1152	100.00

数据来源：www.pedata.cn。

（2）浙江省创业投资退出方式分析

科创板的落地扩宽了机构资本退出渠道，更多企业选择争取 IPO 上市机会从而退出投资，2019 年浙江省创业投资主要以 IPO 方式退出。2019年浙江省创业投资所投企业发生了 120 起退出案例，其中 IPO 退出案例数为 79 起，占比达 65.83%（见表 7-15）。

表 7-15 2019 年浙江省创业投资退出方式分布

退出方式	退出案例数/起	比例/%
IPO	79	65.83
股权转让	24	20.00
并购	10	8.33
回购	7	5.83
合计	120	100.00

数据来源：www.pedata.cn。

(3)浙江省创业投资退出行业分布分析

从行业方面来看,在浙江省 2019 年创业投资退出行业中,IT 行业退出案例数达到 33 起,占比 27.50％,其次为互联网行业,退出 23 笔,占比 19.17％(见表 7-16)。

表 7-16　2019 年浙江省创业投资退出行业分布

行业	退出案例数/起	比例/%
IT	33	27.50
互联网	23	19.17
机械制造	17	14.17
生物技术/医疗健康	13	10.83
清洁技术	9	7.50
化工原料及加工	7	5.83
金融	4	3.33
连锁及零售	3	2.50
半导体及电子设备	2	1.67
电信及增值业务	2	1.67
建筑/工程	2	1.67
汽车	2	1.67
能源及矿产	1	0.83
其他	1	0.83
娱乐传媒	1	0.83
合计	120	100.00

数据来源:www.pedata.cn。

(四)2019 年浙江省私募股权投资(PE)发展分析

1. 2019 年浙江省私募股权投资募资分析

(1)浙江省私募股权投资机构募资总量分析

2019 年,国际时局动荡,行业监管政策频频出台,国内经济进入调整期,受"募资寒冬"影响,市场资金紧张,新募基金数和募集资金较往年均有所下降。相较于国内紧张的募资形势,北京市在 2019 年私募投资市场的募资成绩优异,以 501 只新募基金数的成绩排名全国第一。

2019 年,浙江私募股权投资基金募集 153 只,占全国新募基金总数的 7.95％,披露金额基金数为 153 只,募集资金 376.59 亿元。北京、广东、上海分别位列第一、第二、第三,新募基金数量分别为 501 只、405 只和 329 只(见表 7-17)。

表 7-17　2019 年浙江省私募投资机构募集总量与国内其他主要省市比较

省份	新募资基金数(总数)/只	基金数比例/％	新募资基金数(披露金额)/只	募资金额/亿元	募资金额比例/％	平均新增资本量/亿元
北京市	501	26.04	501	4243.36	41.78	8.47
广东省	405	21.05	405	1150.98	11.33	2.84
上海市	329	17.10	329	1230.29	12.11	3.74
浙江省	153	7.95	153	376.59	3.71	2.46
江苏省	83	4.31	83	407.57	4.01	4.91
山东省	79	4.11	79	360.89	3.55	4.57
湖南省	39	2.03	39	177.25	1.75	4.54
福建省	37	1.92	37	119.62	1.18	3.23
四川省	32	1.66	32	151.25	1.49	4.73
河南省	23	1.20	23	57.01	0.56	2.48
其他	243	12.63	243	1882.08	18.53	7.75
合计	1924	100.00	1924	10156.89	100.00	—

数据来源:www.pedata.cn。

(2)浙江省私募股权投资机构募资币种分析

根据私募通数据显示,就募集币种来看,2019 年注册在浙江省的新募集股权投资基金共计 153 只,新募集资本量达 376.59 亿元,其中一只为美元基金(见表 7-18)。

表 7-18　2019 年浙江私募股权投资机构募集总量币种分布

币种	新募基金数（总数）/只	基金数比例/%	新募基金数（披露金额）/只	新增资本量/亿元	新增资本量比例/%	平均新增资本量/亿元
人民币	152	99.35	152	334.15	88.73	2.20
外币（美元）	1	0.65	1	42.44	11.27	42.44
合计	153	100.00	730	376.59	100.00	—

数据来源：www.pedata.cn。

（3）浙江省私募股权投资机构募资按地市分布分析

在私募股权投资方面，2019 年浙江省募集基金 153 只，其中杭州市新募基金数量达 98 只，占比 64.05％，其中已披露金额的基金数量为 98 只，募资金额为 225.50 亿元，占比 59.88％，在浙江各城市中位列第一，并且在新募基金数量及募资金额方面均远高于其他城市（见表 7-19）。

表 7-19　2019 年浙江私募股权投资机构募集总量按地市分布

城市	新募资基金数（总数）/只	基金数比例/%	新募资基金数（披露金额）/只	募资金额/亿元	募资金额比例/%	平均新增资本量/亿元
杭州市	98	64.05	98	225.50	59.88	2.30
宁波市	31	20.26	31	120.19	31.92	3.88
嘉兴市	17	11.11	17	29.16	7.74	1.72
金华市	3	1.96	3	0.92	0.25	0.31
绍兴市	3	1.96	3	0.71	0.19	0.24
温州市	1	0.65	1	0.10	0.03	0.10
合计	153	100.00	153	376.59	100.00	—

数据来源：www.pedata.cn。

2.2019 年浙江私募股权投资规模分析

（1）私募股权投资机构投资浙江企业情况分析

随着经济环境的变化，私募投资市场格局也在不断调整。从地域分布来看，北京凭借人才聚集优势、良好的创业氛围，依旧聚集着大量创业公司，投资案例数和投资金额均遥遥领先。但是,浙江凭借着良好的政策指引和经济优势,聚集了一批优秀企业,已然跻身私募投资机构投资的第一梯队。

2019 年浙江企业合计发生私募股权投资 305 起,全国排名第五,其中披露金额投资案例为 234 起,合计投资金额为 421.41 亿元(见表 7-20)。

表 7-20　2019 年浙江私募股权投资机构投资总量与国内其他主要省市比较

省份	投资案例数(总数)/起	案例数比例/%	投资案例数(披露金额)/起	投资金额/亿元	投资金额比例/%	平均新增资本量/亿元
北京市	788	23.06	615	1445.38	24.33	2.35
上海市	579	16.94	416	712.90	12.00	1.71
广东省	531	15.54	427	1335.76	22.49	3.13
江苏省	382	11.18	286	485.26	8.17	1.70
浙江省	305	8.93	234	421.41	7.09	1.80
四川省	111	3.25	83	138.71	2.34	1.67
福建省	72	2.11	61	90.63	1.53	1.49
山东省	71	2.08	57	113.58	1.91	1.99
湖北省	67	1.96	54	123.80	2.08	2.29
安徽省	66	1.93	47	78.18	1.32	1.66
其他	445	13.02	353	994.15	16.74	2.82
合计	3417	100.00	2633	5939.78	100.00	—

数据来源:www.pedata.cn。

(2)私募股权投资机构投资浙江省企业情况按行业分布分析

私募通数据显示,浙江省 PE 投资依旧以新兴行业为主,TMT(电信、媒体、科技)、医疗依旧位居前列。其中 IT 行业被投案例最多,达到 64 起,占比 20.98%,但披露投资金额的 48 起,涉及总投资额为 39.64 亿元,仅占投资总投资额的 9.41%。生物技术及医药健康行业投资案例为 50 起,占比 16.39%,其披露投资金额的有 41 起,投资金额达到 89.40 亿元,占比达 21.22%。TMT 行业投资数量较多,但是相比金融行业投资额度相对较小(见表 7-21)。

表 7-21 2019 年浙江私募股权投资机构投资行业分布

行业	投资案例数（总数)/起	案例数比例/%	投资案例数（披露金额)/起	投资金额/亿元	投资金额比例/%
IT	64	20.98	48	39.64	9.41
生物技术/医药健康	50	16.39	41	89.40	21.22
互联网	48	15.74	34	30.55	7.25
机械制造	24	7.87	22	21.61	5.13
半导体及电子设备	22	7.21	19	15.47	3.67
电信及增值服务	15	4.92	11	83.32	19.77
金融	13	4.26	8	17.86	4.24
清洁技术	13	4.26	10	8.40	1.99
娱乐传媒	13	4.26	5	0.62	0.15
连锁及零售	8	2.62	7	11.88	2.82
化工原料及加工	7	2.30	7	12.47	2.96
教育与培训	5	1.64	5	2.54	0.60
房地产	4	1.31	4	5.69	1.35
其他	4	1.31	2	1.35	0.32
食品 & 饮料	4	1.31	4	1.90	0.45
纺织及服装	3	0.98	3	16.92	4.02
建筑/工程	3	0.98	1	0.14	0.03
物流	3	0.98	2	58.05	13.78
汽车	2	0.66	1	3.60	0.85
合计	305	100.00	234	421.41	100.00

数据来源:www.pedata.cn。

(3)私募股权投资机构投资浙江省企业情况按投资轮次分布分析

私募通数据显示,2019 年浙江省私募投资案例中 A 轮投资案例数量 92 起,占比为 30.16%,披露金额投资案例数为 63 起,投资金额为 109.79 亿元,占比为 26.05%,案例数及投资金额均排名第一。B 轮的投资案例数为 52 起,排名第二,披露金额投资案例数为 38 起,金额 41.28 亿元,占比 9.80％（见表 7-22）。

表 7-22　2019 年浙江私募股权投资投资按投资轮次分布

轮次	投资案例数（总数）/起	案例数比例/％	投资案例数（披露金额）/起	投资金额/亿元	投资金额比例/％
A	92	30.16	63	109.79	26.05
B	52	17.05	38	41.28	9.80
天使轮	37	12.13	29	4.76	1.13
C	22	7.21	15	24.58	5.83
Pre-A	18	5.90	14	1.33	0.32
新三板定增	14	4.59	14	3.01	0.71
A+	13	4.26	8	9.62	2.28
上市定增	10	3.28	10	52.14	12.37
其他	9	2.95	7	66.08	15.68
B+	8	2.62	8	54.94	13.04
D	7	2.30	7	11.32	2.69
Pre-IPO	6	1.97	6	10.75	2.55
E	5	1.64	4	15.38	3.65
基石投资	5	1.64	5	9.46	2.24
C+	3	0.98	2	4.67	1.11
Pre-B	3	0.98	3	2.25	0.53
种子轮	1	0.33	1	0.05	0.01
合计	305	100.00	234	421.41	100.00

数据来源：www.pedata.cn。

3.2019 年浙江省私募股权投资退出概况

（1）浙江省私募股权投资机构退出总量分析

2019 年,浙江省发生 PE 机构退出 218 起,排名全国第四,占全国比重为 13.44％。上海和北京分别以退出案例数 285 起和 278 起高居第一、第二位(见表 7-23)。

表 7-23　2019 年浙江省私募股权投资退出总量与国内其他主要省份比较

省份	退出案例数/起	比例/%
上海市	285	17.57
北京市	278	17.14
广东省	233	14.36
浙江省	218	13.44
江苏省	177	10.91
山东省	77	4.75
福建省	49	3.02
陕西省	46	2.84
河南省	37	2.28
四川省	31	1.91
其他	191	11.78
合计	1622	100.00

数据来源:www.pedata.cn。

(2)浙江省私募股权投资退出方式分析

从浙江省私募投资退出的方式来看,2019 年浙江省私募股权投资 IPO 上市数量明显增加。科创板注册制的实行,给广大的创业企业和私募投资机构提供新的退出渠道,未来或将掀起 IPO 热潮。2019 年浙江省私募股权投资所投企业退出发生了 218 起,其中 IPO 成为主要退出方式,退出案例数为 149 起,占比达 68.35%(见表 7-24)。

表 7-24　2019 年浙江私募股权投资退出按退出方式分布

退出方式	退出案例数/起	比例/%
IPO	149	68.35
并购	35	16.06
股权转让	19	8.72
回购	8	3.67
其他	5	2.29

退出方式	退出案例数/起	比例/％
清算	2	0.92
合计	218	100.00

数据来源：www.pedata.cn。

（3）浙江省私募股权投资退出行业分布分析

从退出行业分布来看，浙江省私募股权投资退出行业的集中趋势渐渐明显，IT 行业遥遥领先，此外受国家政策影响，清洁技术跃居第二位。互联网紧随其后，退出案例数相差并不明显。其中，IT 行业达到 52 起，占比 23.85％，紧随其后的行业为清洁技术行业，退出 34 起，占比 15.60％（见表 7-25）。

表 7-25　2019 年浙江省私募股权投资退出行业分布

行业	退出案例数/起	比例/％
IT	52	23.85
清洁技术	34	15.60
互联网	31	14.22
金融	16	7.34
生物技术/医疗健康	16	7.34
机械制造	14	6.42
化工原料及加工	13	5.96
汽车	11	5.05
建筑/工程	9	4.13
其他	5	2.29
半导体及电子设备	4	1.83
房地产	3	1.38
连锁及零售	3	1.38
纺织及服装	2	0.92
物流	2	0.92
电信及增值业务	1	0.46

续表

行业	退出案例数/起	比例/%
能源及矿产	1	0.46
农/林/牧/渔	1	0.46
合计	218	100.00

数据来源：www.pedata.cn。

三、2020年度浙江省股权投资业发展趋势分析及政策建议

（一）浙江省股权投资业发展趋势分析

1. 资本市场深度改革，市场机制充分发挥作用

2019年是中国资本市场改革之年。一是证券法修订获通过，证券市场基础制度进一步完善。二是科创板顺利落地，注册制试点同步平稳推出。三是新三板全面深化改革，多项基础性制度发布。四是证监会公布深改"12条"，创业板重组上市改革。

随着科创板的市场化发行机制、创业板放开借壳限制，注册制度的全面推行，资本市场空间得到了扩张。市场化的改革方向下，市场拥有了更多的内在博弈机会。短期来说，上市公司数量将增多，是资本市场重大利好；长期来看，上市公司更替将加速，市场的力量将充分发挥，以提高上市公司质量。另外，科创板开板和创业板重组上市拓宽了高新技术和战略科技新兴产业相关领域项目的退出渠道，而这些退出优势也将吸引更多的资本进入，达到新兴产业投资的良性循环。对于投资机构来说，正是把握科创板上市，助力创新创业成果的好时机。

2. 机构募资向国有背景倾斜，国有出资监管升级

2019年中美贸易摩擦持续，贸易和地缘政治等相关不确定性升高，一些特殊因素对若干新兴市场经济体造成了宏观经济压力，使得股权投资市场一再面临募资困境。事实上，自《关于规范金融机构资产管理业务的指导意见》等文件出台以来，多层嵌套和通道产品进入股权投资市场被限

制,股权投资市场新募基金数量、金额均下降。2019 年引导基金权限上收,股权投资市场对国有资本的依赖度再度提升,政府引导金、政府机构、政府出资平台等成为股权投资市场的重要 LP(limited partner,有限合伙人)。

2018 年资管新规的出台拉高了个人投资者的投资门槛,同时限制了银行理财资金等资金的入场,使得股权投资机构募资渠道变窄,转向依赖国有资本。随着国有资本的渗透度提升,国有出资的规范性及监管成为重点关注对象。2019 年,国资委印发《关于中央企业加强参股管理有关事项的通知》(国资发改革规〔2019〕126 号),规定要严控非主业投资、严格甄选合作对象、合理确定参股方式,强调要注重参股投资回报,避免"只投不管",同时加强内部监督,严格责任追究。该通知规范了国有资本出资流程、出资主体的选择,加强了对参股国有股权的管理,同时强化了监督问责。

可以预见,一方面,中短期内国有资本仍为股权投资市场的重要募资对象,在监管趋于规范和严格的环境下,将促使股权投资机构的规范化、专业化发展。另一方面,头部投资机构更有机会与国有资本合作,行业头部集中度或将提高。

3.引导基金管理机制不断完善,多方向支持经济发展

浙江政府引导基金开展较早,省、市、县区都有基金设立,基金管理制度规范完善,有的地市引导基金真正采用市场化管理机构进行管理。近年来,浙江积极探索政府投资基金运作模式,助力营造良好的创新创业创投环境的同时注重产业引导的职能发挥,吸引社会资本及国内外著名创投机构与浙江合作,不断提高浙江的科技含量,政府引导基金成为浙江创新交流的桥梁。

浙江政府引导基金类型主要以产业基金为主,以引导资本对转型升级产业、新兴产业等的支持。随着股权投资市场对国有资本的募资倾斜,有利于政府引导金充分发挥政策引领作用,助力产业转型升级。

浙江积极设立并运作政府产业基金,注重引导基金管理办法的完善与应用。2018 年,浙江省政府提出打造政府产业基金 2.0 版,进一步突出引导基金的政策引领作用,聚焦投资方向,实现产业基金的再升级。2019 年,

多项引导基金的新管理办法出台，为引导基金更好地聚焦产业提供政策支持。2019 年 1 月 15 日，浙江省财政厅重新制定《浙江省转型升级产业基金管理办法》，在投资方向上更为聚焦，主要投向数字经济、金融稳定、创业创新等领域；投资项目上转为主要投向政府关注类项目，如省市县长工程等重大产业项目，以及政府鼓励的创业创新类项目。

浙江省转型升级产业基金设立七大主体基金，分别为数字经济基金、金融稳定基金、凤凰行动基金、创新引领基金、文化产业基金、军民融合基金及特色小镇基金。其中，数字经济基金总规模 100 亿～150 亿元，省级出资 30 亿元，主管部门为浙江省经济和信息化厅，投资方向为集成电路、通信网络、新型显示、关键元器件及材料、云计算、大数据、物联网、人工智能及产业数字化等领域的基础性、战略性和前瞻性重大产业化项目；金融稳定基金总规模 100 亿元，省级出资 30 亿元，主管部门为浙江省地方金融监督管理局，投资方向为上市公司纾困项目及债转股项目；凤凰行动基金总规模 50 亿元，省级出资 15 亿元，主管部门为浙江省地方金融监督管理局，投资方向为支持省内数字经济、高端装备等"八大万亿产业"及高新技术领域企业的上市，支持省内优质上市公司围绕主业发展、提升产业价值链而进行的并购重组；创新引领基金总规模 20 亿元，省级全部出资，主管部门为浙江省科学技术厅，投资方向为数字经济、生命健康、人工智能、航空航天、新能源汽车、高端装备制造、绿色石化、新材料、清洁能源、节能环保、现代农业、新药创制、精准医疗等新兴产业领域；文化产业基金总规模 20 亿元，省级全部出资，主管部门为浙江省委宣传部，投资方向为围绕"一核三极三板块"格局，推动省内重点文化产业投融资平台建设，支持文化内容生产创意设计、文化产品智造、文化旅游等重点板块优质企业创新发展；特色小镇基金，总规模 100 亿元，省级出资 10 亿元，主管部门为浙江省发展和改革委员会，投资方向为围绕省级特色小镇中的实体企业开展投资，"省级特色小镇"指省特色小镇规划建设工作联席会议办公室公布的省级命名、创建、培育的特色小镇。

农业发展也是浙江引导基金重点关注的部分。2019 年 11 月，浙江省财政厅印发了《浙江省乡村振兴投资基金管理办法》，明确以省财政拨款为资金来源,以浙江省农业农村厅为牵头部门,设立总规模100亿元的浙江省乡村振兴基金。投资方向为战略新兴产业、重大区域特色产业、新型综合服务体系建设、农产品和加工和全产业链建设、国土空间综合整治及生态修复工程、数字乡村建设、重大农业农村基础设施等八大板块。

其他市级创新创业基金有杭州市创业投资引导基金、宁波市天使投资引导基金、宁波市创业投资引导基金、温州市科技创新创业投资基金、嘉兴市创业投资引导基金等。市级引导基金持续围绕七大战略新兴产业发力,其中,杭州市创业投资引导基金重点关注杭州市域内主要从事高新技术产品研发、生产和服务或具有商业模式创新等非上市企业;宁波市创业投资引导基金的支持对象为创业投资企业和初创期企业,以及市政府决定的其他对象,重点支持国内外投资业绩突出、基金募集能力强、管理成熟规范、网络资源丰富、信用良好的品牌创业投资企业;宁波市天使投资引导基金主要用于对获得天使投资的创新型初创企业进行跟进投资,引导社会资本投资科技、投资创业;温州市科技创新创业投资基金主要投向温州市域内新一代信息技术、医疗健康与生命科学、高端装备制造、激光与光电、新能源、新材料、节能环保等符合温州产业发展规划和政策的重点领域;嘉兴市创业投资引导基金对初创期科技型中小企业和高新技术产业进行投资,是一种不以营利为目的的政策性投资资金。

完善的引导基金运行机制有助于引导基金引领作用的充分发挥,为战略性发展新兴产业、鼓励中小企业特别是科技类企业的创新、创业提供强有力的经济支撑。短期来看,引导基金解决了股权投资机构的募资困境,更好地汇聚社会资本参与重点产业建设,加快创业创新投融资发展。长期来说,引导基金的良好运行有助于浙江创新创业环境的建设、产业的转型升级、农业的现代化发展,具有深化供给侧结构性改革的战略意义。

(二)浙江省股权投资业发展问题及政策建议

1.长三角发展质量待提升,发挥创新优势共建协同体系

2019年12月1日,中共中央、国务院印发了《长江三角洲区域一体化发展规划纲要》,长三角一体化发展上升为国家战略,标志着长三角区域进

入一个新的历史阶段,也为浙江新一轮发展创造了重大机遇。2020年1月27日,浙江制定《浙江推进长三角一体化发展行动纲要》,共同实施长三角一体化发展三年计划。2019年,浙江大力发展数字经济,增加科技创新水平,在构建区域核心竞争力方面取得良好成绩。但就目前而言,长三角一体化发展距离世界级城市群有较大的差距,根据《长江三角洲城市群发展规划》,长三角"三省一市"发展质量亟须提升。浙江作为长三角科创大省,需要充分发挥民营经济、数字经济、湾区经济等创新优势。

首先,浙江应当通过长三角区域协同发展共同建设长三角创投行业的服务大平台,为高质量一体化发展注入强劲动能。浙江在发展民营创投、民间资本,创投行业管理人才队伍的培养和建设方面有独特的浙江经验。接下来,浙江需要继续发挥浙江经验在长三角一体化发展中的独特作用,通过建设长三角创投行业的服务大平台,助力整合长三角区域创业投资资源优势,推动设立长三角区域政府创业投资引导基金和市场化母基金等。

其次,长三角地区应当加快建设产业创新协同体系,大力发展数字经济,带动湾区制造业转型发展,构建高水平产业创新协同体系。浙江依靠新一代信息技术的发展,具备发展5G产业的良好基础,2019年加快推进5G建设,从政策制定到5G建设落地都取得了巨大的进展。浙江5G正在和各行业快速融合发展,"5G＋"在工业制造、娱乐消费、城市治理、民生服务等方面的广泛应用将带来新的创业投资机会。未来长三角地区应当通过产业创新协同体系,进一步发展数字经济等相关产业,带动长三角地区股权投资行业进一步繁荣发展。

再次,浙江需加快高端创新要素集聚。与长三角其他省市相比,浙江高等教育和国家级科创平台等高端创新资源仍有不足。浙江要大力引进优质高等教育资源,完善高校建设发展支撑保障机制和"双一流"建设机制,加强青年科技人才队伍建设,推进省内资源整合和合作帮扶。

最后,浙江需提升政府创新治理能力。加强科技人才、融资支持、财政补助、税收优惠、政府采购等政策的支持力度,同时注重创新政策和产业政策协同,率先打造杭州钱塘新区、宁波前湾新区、绍兴滨海新区、湖州南太湖新区等标志性创新大平台,建设世界级产业集群,推动全省产业迈向全球价值链中高端。

2.外部环境变化风险增强,促进机构优化运营能力

受经济全球化、世界局势的动荡、经济发展的调整等变化影响,外部环境变化风险增强。外部环境变化风险包括宏观经济、政策法规、国际性突发事件等影响。这些外部环境变化均会对金融行业产生风险。针对这一系列的风险,政府、行业机构等需通力合作,采取一系列有效的防范措施。一是需要加强国际金融合作,加强国家之间的交流,监测和约束国际投资资本;二是需要积极引导国内机构面对变化,持续优化运营能力,逐步实现募资规范化、投资专业化、管理制度化、运营信息化、投后服务产品化、退出主动化;三是积极搭建平台,促进本土机构与外资机构资源共享互相学习。本土机构要合理利用本地资源以推动创投公司的增值服务,同时学习外资机构在公司治理、内控机制、风险控制、产品开发等方面的经验,以获得共同提高。

除此以外,需继续引进和培育具有国内一流水平的创业投资管理团队和专业人才队伍,培育打造具有全国广泛影响力的品牌创投机构。充分利用长三角区域创业投资的资源优势,继续发挥浙江经验在长三角一体化发展中的独特作用,积极创建创投生态联盟。积极促进头部梯队投资机构与创投公司、银行、券商、律师事务所、会计事务所、传媒、高校等资源对接和融合,打造完整的投融资生态联盟。积极聚焦新的投资机会,发挥数字经济领域的独特优势,挖掘线上渠道、在线平台等优质项目,拥抱变化,扩大创投影响力。

3.中美贸易摩擦持续,需做好综合应对工作

2019年5月中美贸易摩擦升级,美方对2000亿美元中国输美商品加征的关税从10%上调至25%,使得国内大量企业受到冲击。对贸易大省浙江而言,美国是浙江第二大贸易市场,受到的影响更大更深远。贸易战的影响进一步体现在股权投资行业,导致依靠外贸以及国际合作的相关产业受到冲击,加深市场的避险情绪,导致募资和投资双降。在这种情形下,政府要发挥税收政策、产业政策及政府的引导作用,做好综合应对工

作,一方面帮助中小企业安全度过冲击,另一方面持续保持股权投资市场的活力。

首先,政府应该积极开辟投资渠道,扩大直接投资的比例,引入风险投资、股权投资等多种渠道的股权投资渠道,降低中小企业的融资综合成本,同时给中小企业发展注入信心与活力。其次,浙江要优先解决中小企业在贸易战中面临的实际问题,通过发放专项补贴、贷款等给予受影响的中小企业财政支持,积极优化产业结构,推动转型升级。通过设立产业引导基金,引入新兴产业相关项目,进一步加快推动经济增长方式和经济结构的转型,加快内需拉动、科技创新驱动以支持企业转型发展。再次,出台相应政策鼓励企业转型升级,成立相关产业的引导基金,促进相关产业投资。最后,进一步推动凤凰行动计划,助力企业上市,拓宽股权投资退出渠道,助力股权投资退出。

总之,浙江省政府应积极帮助中小企业发展科技创新与产业升级,打造中国制造的先进性与不可替代性,为浙江经济增长创造核心源泉。

4. 加强金融监管,防范金融风险

随着国际形势的复杂变化以及疫情影响,未来金融风险发生的可能性增强。各级政府机构应加强金融监管,防范金融风险。目前中国金融行业尚存在一定的风险,需要及时甄别和防范。同时,金融机构存在自身脆弱性风险。首先,金融机构本身存在安全隐患,而部分金融机构自身风险防范意识较弱,同时缺乏风险管理的技术;其次,待完善的监管环境、不健全的市场运行机制使得经济交易不严谨,更易诱发金融风险,自融、异地经营、流动性困难致爆雷等问题频频发生;最后,在金融机构之间,存在恶意转移风险的情况,造成债务悬空等情况,从而诱发更大的风险。从股权投资的角度考虑,近年来存在的主要金融风险主要包括:金融机构集团化、自融、异地经营、流动性风险等。

针对上述金融风险,浙江需完善金融监管体系,借助相关监管手段对金融机构内部存在的不足进行补充,将可能出现的风险降到最低;同时深化金融体系改革,建立多元化的金融体系,充分利用民营经济;另外注重产业资本的深度引入。产业资本参与形式多样,深化交叉产业协作。

针对募资难问题,应进一步提高政府引导金、政府机构、政府出资平台及国企的重要作用。股权投资市场对国有资本的依赖度逐步提升,政府引导金、政府机构、政府出资平台等成为股权投资市场的重要 LP。一方面,需要加大国有资本的作用,使资金运用更灵活、合理,另一方面,加大引导金的引导作用,在浙江省内具有产业和技术优势的战略性新兴产业、高新技术产业等领域发挥杠杆效应和引导作用,盘活股权投资市场。

(本报告由浙江省股权投资行业协会提供)

金融热点问题研究

第八章 2019年度宁波普惠金融改革试验区发展报告

2019年10月,国务院常务会议决定建设浙江省宁波市普惠金融改革试验区;11月12日,中国人民银行、发展改革委等五部委联合发布《浙江省宁波市普惠金融改革试验区总体方案》(银发〔2019〕281号)。试点批复以来,宁波市积极行动,各项改革事项有序推进,普惠金融改革试验区建设开局良好。普惠金融改革也作为重点工作被纳入省、市两级2020年政府工作报告。2019年宁波普惠金融改革推进的具体举措如下。

(一)强化普惠金融信用服务平台建设,着力破解信息不对称问题

聚焦银企信息不对称等难点问题,扎实推进宁波普惠金融信用服务平台建设,通过建立非信贷信息自动化交换和共享机制,积极整合政务、商务、金融、公用事业等四大类信息,实现了信息种类、主体以及使用主体的广覆盖。平台已采集入库17个政府部门和公用事业单位、63家金融机构的7.7亿条信息,涉及全市42.8万户企业、61.2万户个体工商户、94.8万户农户及31.7万名产业工人;开通金融机构查询用户5860个,日均查询近万次。优化平台融资对接功能,通过线上交流互动,实现资金供求两端零距离接触和双向选择,累计有4653户企业在线上提出融资需求,其中4074户企业获得了银行融资。

(二)优化资源配置和授信管理机制,着力破解融资服务覆盖面不足问题

试验区获批以后,宁波市积极落实"融资畅通"工程要求,持续深化民营和小微企业金融服务的 20 条政策措施,从信贷额度、差异化考核激励、内部转移定价、尽职免责等方面优化信贷资源配置和授信管理机制,实现小微企业金融服务"量扩""户增"的良好局面。截至 2019 年末,普惠小微贷款余额 1890.27 亿元,比年初新增 391.33 亿元,余额同比增长 28.1%。全年对接纳税 150 万元以下小微主体 18.4 万户,挖掘有融资需求的企业 4.7 万户,促成新增授信 1.2 万户,其中 9000 余户首次获得信贷。同时,通过出台指导意见、召开现场推进会等方式,积极助力乡村振兴发展。截至 2019 年末,农户贷款余额 1352.99 亿元,比年初新增 186.43 亿元,余额同比增长 16.0%。其中,农户经营性贷款同比增长 16.7%,比全国高 10.3 个百分点。

(三)加强科技金融的运用和推广,着力破解金融服务成本高问题

依托宁波市在科技金融的优势,开展"线上＋线下"融资产品和服务创新,提升信贷投放效率,降低企业融资成本。截至 2019 年末,推出各类小微金融创新产品 200 余个,比年初新增 383 亿元,受益企业近 19 万家。其中,宁波银行"快审快贷"产品入选国内首批金融科技"监管沙盒"试点;"银税合作服务小微企业"入选浙江省金融标准试点。2019 年 12 月,宁波市小微企业贷款加权平均利率 5.49%,低于全省同期 0.14 个百分点;新发放普惠口径贷款利率 6.22%,低于全省同期 0.37 个百分点。

(四)深化多层次资本服务市场建设,着力破解融资渠道单一问题

试验区获批以后,宁波积极谋划,围绕深化多层次资本服务市场建设,出台了《关于推进区域性股权市场建设的实施意见》,通过深化宁波股权交易中心建设,打造中小微企业综合服务平台,为科技型、创新型、成长型中小微企业提供多样化股权融资服务。另一方面,2020 年 1 月 22 日,证监会核准宁波设立甬兴证券有限公司,注册资本20亿元,填补了宁波法人证券业机构的空白,进一步完善了宁波市多层次资本服务市场体系。

(五)推进政策性融资担保体系建设,着力破解担保增信不足问题

在融资担保体系建设方面,宁波市先后出台了政策性担保业务风险补助资金管理办法和融资担保代偿基金管理办法,推动构建了市、县两级联动的政策性融资担保体系。试点批复以后,宁波市下发《关于推进全市政策性融资担保体系建设的实施意见》,通过补充市级政府融资担保公司资本金、政策性融资担保业务区县(市)全覆盖、改进和完善考核机制、提高融资担保代偿率容忍度、降费让利、发挥风险代偿基金和再担保作用等具体措施,建立健全以市级政府性融资担保公司为核心、各区县(市)政府性融资担保公司为骨干、优质民营融资担保公司为补充的政策性融资担保体系,为小微企业和"三农"主体提供更优质的融资担保增信服务。

(本报告由中国人民银行杭州中心支行提供)

第九章 2019年度台州小微企业金融服务改革创新试验区发展报告

2019年,台州小微金融服务试验区多措并举,进一步提升小微企业融资可得性、普惠性和试验区的影响力。2019年6月,国务院副总理刘鹤在浙江调研中小银行服务实体经济情况时,充分肯定小微企业金融服务"台州模式"。2019年台州小微企业金融服务改革创新的具体举措如下。

(一)巩固深化已有改革成果

一是升级信用信息共享平台功能。3月份上线银企融资对接服务平台"融资通"(三期项目),实现资金供需双方线上对接。截至2019年12月末,银企融资对接服务平台累计发布各类信贷产品213个,线上对接852笔,为小微企业融资30.03亿元。通过与市公共信用信息服务平台、省市大数据平台数据对接,金融服务信用信息共享平台已采集30个部门3.2亿余条信息,对全市65万多家市场主体进行了信用建档,使企业成为"透明人"。全市95%以上的小微企业贷款发放前查询过平台,有效降低了银行和小微客户的成本。二是提升信保基金服务质效。完善人才类、科创类专项产品担保体系,新推出人才支行等3个专项产品;在推动信保基金扩面增量基础上,深化"最多跑一次"改革,创新推出电子保函,纸质替代率100%,实现了业务办理一次也不用跑。截至2019年12月末,信保基金已累计服务市场主体19011家,承保332.95亿元,按照0.75%的年担保费率计算,已至少为客户节省保费支出7.49亿元;在保余额97.94亿元,在保市场主体11796家,户均在保金额83万元。

（二）推动小微金融产品创新

一是深入开展商标专用权、排污权、专利权、应收账款等无形资产抵质押贷款。其中,商标专用权质押融资工作全国领先,累计登记1979件,占全国同期总量约30％,质押金额达145.1亿元,累计发放贷款131.91亿元。二是推进还款续贷方式创新。农信系统创新"零门槛、零费用、零周期"的"小微续贷通",有效破解小微企业转贷难题,截至2019年12月末,已累计办理6334笔,累计贷款金额107.59亿元,为企业节省转贷成本2700万元。全市银行业金融机构推出还款方式创新产品近百款,惠及26.19万户企业。鼓励引导银行大力推进信用贷款,全市小微企业信用贷款余额281.78亿元,较年初增长37.04％。三是引导金融机构延长民营企业、制造业信贷期限。提前嵌入年审制、预审制与循环式服务,减少贷款过桥费用,截至2019年12月末,全市中长期贷款余额3911.19亿元,同比增长22.39％,高于短期贷款增速12.76个百分点。

（三）深化小微金融模式创新

一是开展取消企业银行账户开户许可试点。"短小频急"是小微企业融资的典型特征,加快开户速度是提升服务效率的第一环节。台州率先试点取消企业银行账户开户许可证核发工作,全国首笔取消许可后的基本存款账户落户台州。二是创新小微园金融服务,打造五位一体的园区金融服务模式。信贷支持小微企业园贷款余额68.18亿元,普惠型贷款余额34.08亿元。三是深化供应链金融服务。台州市印发《关于发展供应链金融支持小微企业发展的通知》,全市银行业服务供应链57条,对57家核心企业授信13.89亿元,用信余额9.28亿元,服务供应链上下游企业472家,授信总额9.46亿元,用信余额8.29亿元。四是深化科技金融服务。台州市印发《关于转发进一步提升科技型中小微企业金融服务质效的通知》,辖内法人机构科技型中小微企业贷款余额101.09亿元,贷款户数1451户。

(四)提升金融机构小微企业支持能力

一是拓展主动性负债和资产证券化渠道。小法人金融机构与小微企业一样,也存在"资金难、贵"的软肋。台州一方面支持法人金融机构开展主动性负债业务,2016年1月至2019年12月共发行同业存单、大额存单、永续债、小微企业专项金融债、绿色金融债、"三农"专项金融债、二级资本债等主动性负债超过4500亿元,2019年11月台州银行更是成为全国首家发行永续债的城商行;另一方面推动资产证券化,2016年1月至2019年12月共开展信贷资产证券化业务84.54亿元,辖内泰隆银行成为全国首家注册并成功发行小微企业资产证券化产品的金融机构。二是继续引导金融机构下沉服务重心。2019年新增各类小微企业专营机构30家,截至2019年底已有小微企业专营机构352家,社区支行102家、小微支行118家,认定各类特色银行50家。三是帮助地方法人银行开展政策性转贷款业务。发挥"政策性银行有资金和小法人银行有渠道"的优势互补作用,3家政策性银行已与台州12家法人银行机构开展转贷款业务合作,台州引入全国最大规模的330.5亿元政策性转贷款,新增转贷款用信169.4余亿元,为3万多户小微企业节约融资成本5亿元以上。四是组建市级融资担保公司,为上市公司等龙头民营企业发债和国有企业融资提供增信支持。

(五)坚持服务经济,兼顾抓大扶小

大力实施融资畅通工程,在全市金融系统深入开展"金融'六大专项行动'落实'三服务'活动",2019年已举办"百园万企"服务暨信贷增氧专项对接、科创板企业融资对接等6场次融资对接活动,在全省率先建立融资监测、对接、服务"全覆盖"机制。在系列小微金改措施推动下和小微企业提质升级政策支持下,台州市小微企业等市场主体始终保持较快的增长态势,全年新增小微企业32216家,引导和支持2483家个体工商户转型升级为企业。截至2019年12月末,台州小微企业贷款余额3516.77亿元,占全部贷款余额的40.99%,高于全国近20个百分点。在服务小微企业的同时,指导和推动更多企业利用境内外资本市场、债券市场、场外市场等开展直接融

资,形成了证券市场"台州板块"。截至 2019 年 12 月末,全市上市公司 55 家,新三板挂牌企业 51 家。全年累计完成直接融资 383.48 亿元,其中股权融资 32.89 亿元,债券融资 350.59 亿元。23 家上市公司公告完成并购事件 40 笔,涉及金额 222.29 亿元,同比增长 162.41%。

(六)坚持服务民生,深化政银联通合作模式

依托银行网点多、分布广、经办力量强、服务规范等优势,创新"政银联通"工程,将金改与跑改深度结合,将政府部门社保业务办理窗口延伸至合作银行基层网点。目前,"政银联通"已与社保、市场监管等部门开展合作项目 100 余项,实现工商注册通、公积金办理、不动产抵押、税务缴纳等服务。既缓解政府办事窗口业务压力和人手严重不足等问题,又让群众办事从"最多跑一次"提升到"就近最多跑一次",实现政府、银行和群众三方共赢,被授予"浙江省民生获得感示范工程"。截至 2019 年 12 月末,"政银联通"累计办理 144 万笔。

(七)坚决防控风险,打造金融安全示范区

围绕《浙江省台州市金融安全示范区创建实施方案》,开展推改革促实体、强监管优环境、防风险严整治等三大专项行动,积极健全市县两级金融风险防控、金融部门和司法部门联席会商、金融突发事件应急管理等工作机制,有力维护区域金融稳定。积极纾解上市公司股东高质押风险,市县联动设立 12 个纾困基金,到位资金 16 亿元,全市上市公司控股股东或实际控制人股权质押比率超过 80% 的上市公司从年初 11 家下降至 4 家,首批 14 家高股权质押风险上市公司已有 12 家主动退出帮扶名单,是全省出台企业纾困政策最早、纾困基金落地最快、纾困效果最好的地市。截至 2019 年 12 月末,台州市银行业金融机构不良贷款率为 0.82%,比年初下降了 0.15 个百分点。

(八)总结成绩,提炼小微金融服务台州模式

为全面检验试验区三年来的建设成果,中国人民银行研究局、浙江省地方金融监管局、中国人民银行杭州中心支行作为组织方,邀请国务院发展研

究中心、中国社科院、浙江大学等科研机构和院校专家组成评估专家组，对试验区建设情况进行了评估。评估认为，试验区建设总体推进顺利，已取得阶段性的改革创新成果，且特色明显、成效显著，其经验做法对全国小微企业金融服务具有一定的可复制性和可推广性，达到了试验区改革的预期目标。2019年台州市还新获批财政支持深化民营和小微企业金融服务综合改革试点，成为首批试点城市。

（九）固化成果，推进小微金融服务标准化试点

积极推进"台州市小微企业金融服务改革创新试验区标准化试点"建设，出台《浙江台州市小微企业金融服务改革创新试验区标准化试点项目实施方案》，委托中国标准化研究院和中国金融电子化公司开展小微金融服务标准体系编制，发挥好"标准化＋"在小微金融服务质量提升中的重要作用，以标准化手段固化已有的改革成果。小微企业信用保证基金业务规范、小微金融指数规范2项标准已发布，另7项重点标准已完成意见征求。

（十）推广经验，输出小微金融服务台州模式

举办2019第四届海峡两岸小微金融发展论坛、省级金融机构台州行和省级金融特色小镇台州行等活动，宣传展示台州小微金融服务改革创新的成果；金融服务信用信息共享平台、信保基金等多项小微金改举措在全国20多个地区获得复制推广；3家城商行在全国近20个省市设有500余家辖外分支机构，发起设立异地村镇银行23家。扎实推进普惠金融小镇建设，举办"普惠金融台州创新"第二期研训班，来自全国9个省25家农商银行的110名中高管参加研训班，推广台州小微金改经验和做法；探索金改经验社会化推广复制路径和机制，调研泰隆银行与浙江工商大学合作创建小微金融学院的模式，拟在台州学院设立混合制普惠金融学院，目前已完成筹建报告，小微金改试验区经验复制推广工作已取得一定成效。

（本报告由中国人民银行杭州中心支行提供）

第十章 2019年度丽水农村金融改革试点发展报告

2019年,丽水市围绕"深化全国农村金融改革试点和争创国家级金融支持乡村振兴改革试验区"工作中心,扎实推进金融改革各项工作。试验区创建进展顺利,多项金融创新做法在《金融时报》刊登。2019年,丽水农村金融改革的主要进展如下。

(一)积极向国务院争创金融支持乡村振兴改革试验区

丽水市金融支持乡村振兴改革试验区方案先后于2019年3月1日和4月28日通过省政府常务会议和省委全面深化改革委员会议审议。6月5日,省政府正式行文向国务院上报了《关于要求在丽水市创建金融支持乡村振兴改革试验区的请示》。9月6日,人民银行总行在杭州组织召开座谈会,对试验区后续申报工作作出了具体指导。会后,丽水市按照人民银行总行研究局意见对试验区方案进行了进一步研究论证和修改完善。

(二)全力推进金融标准化创新

丽水市申报的"林权抵押贷款标准研究与示范建设试点""农村信用体系建设促进农村金融改革标准化试点"两个金融标准化项目先后获杭州中支批准列入浙江省金融标准创新建设试点项目;丽水市中支组织联合体以全场最高分中标浙江省2019年度标准化战略重大试点的金融标准化创新项目,计划通过2年时间编制和实施覆盖绿色金融、普惠金融、小微金融、互联网金融四领域的不少于20项金融标准,为全省乃至全国探索可复制、可推广的金融标准化工作经验。截至 2019 年末，已完成了 20 项核心标准清单编制，启动了 1 项国家级标准、5 项丽水市级地方标准的立项，完成了 2 项浙江省级地方标准、3 项丽水市级地方标准和 1 项团体标准的专家评审并即将正式发布。

（三）探索金融支持"两山"转化路径

对接生态产品价值实现机制试点，基于生态信用正负面清单积分评定制度，启动开展了生态信用联合激励惩戒机制试点，对生态信用良好的主体提供优先调查，优先评级、优先授信、优先贷款服务，贷款额度更高、利率更低、放贷速度更快。已实施建立生态信用积分与执行利率挂钩制度，"两山贷"的利率比省级信用村享受的贷款利率低 40 个基点，比普通贷款利率低 270 个基点。截至 2019 年末，累计发放"两山贷"20 笔、205 万元。

（四）持续推动农村产权融资创新

制定下发《关于进一步加强森林资源资产抵押登记工作的通知》，明确不动产登记中心履行林权抵押登记职能。结合农村宅基地"三权分置"改革，积极推进农房使用权抵押贷款工作，将 2018 年创新的农村宅基地"三权分置"产权融资改革试点推广到全市 9 县（市、区）。推动丽水市不动产抵押登记中心创新推出在银行"一站式"办理农房抵押贷款抵押登记服务；按照人民银行总行《关于做好"两权"抵押贷款试点衔接工作 切实改善农村金融服务的通知》要求，组织辖内龙泉市、缙云县、青田县三个试点地区，深入调研、综合施策，认真做好试点衔接工作，确保存量抵押贷款业务平稳过渡。截至 2019 年末，全市林权、农房、土地承包经营权抵押贷款分别达到 66.06 亿元、56.51 亿元和 9.77 亿元，农村产权抵押贷款余额新增 5.48 亿元。其中林权抵押贷款余额连续多年排在全省首位。

（五）大力推进信用体系建设

持续完善丽水市信用信息服务平台。截至 2019 年末，丽水市信用信息服务平台已采集 300 多万条信息主体信息，与 13 个部门和 20 家市级商业银行实现了信息共享,采集了 8295 万条数据。平台用户数量达到 1376 个,累计查询量达 35.8 万次,发出预警消息 65 万条。引导辖内银行机构依托平台信息,加大农村地区信贷投放力度,特别是农户信用贷款发放积极性显著提高。截至 2019 年末,全市农户信用贷款余额达到 114.39 亿元,是试点初期(2012 年)的 117 倍,同比增速达到 36.18%。稳步推进"四信"创建,扎实开展信用村(社区)、信用乡(镇、街道)复评,指导云和县成功通过省级信用县验收。

(六)稳步推进银行卡助农取款服务升级工程

一是全面推广移动支付办理助农服务业务。截至 2019 年末,全市已有 1408 个助农服务点加载移动支付受理功能,占全部服务点总数的 69.84%。二是组织开展助农服务点分类评级工作。截至 2019 年末,累计创建完成五星级服务点 86 家,其中新增 52 家;累计创建完成四星级服务点 247 家,其中新增 129 家。三是持续开展服务点清理整顿和动态调整。截至 2019 年末,全市重新排查激活低效率服务点 231 家,因整村拆迁、空心村、老人村撤并服务点 82 家,银行卡助农服务活跃度维持在 95% 以上。

(本报告由中国人民银行杭州中心支行提供)

第十一章　2019 年度衢州绿色金融发展报告

2019 年,衢州市围绕"传统产业绿色改造转型"一个目标、"传统农业和工业转型升级"两条主线,推进绿色金融体制机制、产品服务、基础设施等创新,着力探索"市场化运作、商业可持续、可复制推广"的绿色金改"衢州模式"。2019 年衢州绿色金融主要进展如下。

(一)构建绿色金融改革政策引导机制

推动财政部门以 30% 权重将绿色金融发展绩效纳入财政资金竞争性存放评价指标体系。深入开展存款类法人金融机构绿色信贷业绩评价,推动出台绿色企业(项目)专项贴息政策,对深绿、中绿、浅绿企业(项目)分别给予 15%、10%、5% 贴息,不断激发市场主体内生动力。2019 年开展的 5 次财政资金(含财政社保资金)竞争性存放中(68.86 亿元),绿色金融发展较好的 4 家银行机构获得 41.81% 资金,有效激发金融机构发展绿色金融的积极性。

(二)建立绿色企业和项目标准

绿色企业标准评价体系包括业务表现、行业表现、环境表现、社会表现、公司治理、资质与荣誉等 6 项一级指标。绿色项目标准体系包括政策符合性、环境改善性、环境影响性、行业先进性等 4 项一级指标。建立了绿色发展企业项目库,涵盖 200 个项目,总投资达 2977 亿元。"让每个传统行业都有绿色改造机会"成为现实,构建绿色企业和绿色项目评价标准体系,倒逼传统企业对标绿色转型。目前通过浙江省标准化协会将《绿色企业评价指南》《绿色项目评价指南》升级为省级地方标准。

（三）探索制定绿色贷款统计衢州标准

在中国人民银行12类贷款用途的基础上，增加传统产业转型升级、战略型新兴产业中的绿色信贷、具有节能效益的城乡基础设施建设、节能低碳园区建设、绿色产品制造、绿色消费等6类绿色贷款用途，按照"统一数据接入、统计口径拉平、银行一次报数、部门数据共享"的原则，在全国率先推出绿色贷款专项信息管理系统，中国人民银行研究局在衢州召开现场会。该系统正式运行以来，全市32家金融机构（覆盖率100%）向系统报送8期数据，收录451424条绿色贷款明细数据，生成报表315张。

（四）建立绿色金融服务信用信息平台

建设集银企融资信息对接、绿色标准应用等七大功能于一体的衢州金融服务信用信息共享平台，畅通绿色主体融资渠道，截至2019年12月末，平台一、二期功能已全部完成上线运行，累计注册企业数66家，入驻金融机构99家，上架金融产品93个，累计贷款数50次，累计发放贷款3.19亿元。

（五）建设绿色专营机构

制定《绿色金融试点行、示范行培育办法》和《评审办法》，设置28类103个指标，首次对绿色专营机构提出了系统性、全量化、可操作的标准。2019年12月末辖内已有绿色金融事业部26家，23个绿色金融专营支行，80%的机构都设立了绿色金融事业部；保险机构设立8个绿色金融事业部。同时鼓励农信法人机构"法人先行"整体向绿色银行转型。在信贷审批上，制定《客户环境风险计量评估办法》，量化客户绿色风险等级。制定《绿色金融关联映射标准》，开通绿色通道。目前6家农商行全部单列绿色金融事业部，探索建立绿色专营机构11家。

(六)首创"个人碳账户"

围绕绿色金融改革创新试验区建设目标要求,依托"智慧支付"系列工程,指导辖内银行机构运用金融科技手段,通过发掘银行账户系统蕴含的绿色支付、绿色出行、绿色生活等"大数据",在全国首创融合金融属性、公益属性、共享属性于一体的银行"个人碳账户"体系,通过碳积分引导广大居民自觉践行绿色生活理念。截至2019年12月末,全市25家具备条件的银行机构均已完成个人碳账户系统上线工作,其中全市农信系统配置个人碳账户209.15万户,累计通过绿色行为减少碳排放14.6万吨。该做法得到了浙江省朱从玖副省长的充分肯定,并在中国金融学会绿色金融专业委员会年会上作经验交流。

(七)积极拓宽绿色融资渠道

绿色金融服务方式创新情况(创新模式数量等)。绿色信贷产品167个、绿色保险产品19个、绿色债券5个、绿色基金5个,创新模式91个。截至2019年12月末,全市金融机构绿色信贷余额786.86亿元,较年初新增190.23亿元,全部贷款新增额288.62亿元,占全部贷款新增额65.91%;绿色信贷不良率为0.15%。

一是绿色信贷。2019年来,各金融机构迸发创新意识,主动帮助企业拓宽融资渠道,如衢州市工商银行为企业办理10年期的固定资产投资贷、为各类政府性项目服务企业办理大花园建设贷、为机器换人或信息化改造的企业办理智慧化技改贷。成功推动华夏银行发放衢州市首笔、浙江省第2笔世界银行转贷业务,为衢州元立金属制品有限公司余热发电能效提升技改项目提供900万欧元。

浦发银行总行批准将特种纸行业在原授信政策中"压控类行业"调整为"适度支持行业",纳入"一行一策"差异化的信贷支持政策,将其授信审批权限下放杭州分行,单户最高审批权限2.7亿元,仙鹤股份集团扩盘授信4亿元,五洲特制集团新增项目贷款授信4亿元,恒达集团扩盘授信7000万元等,帮助衢州市特种纸行业审批率达100%。

　　探索创新了"一村万树"绿色期权,由投资主体对"一村万树"进行天使投资,由村集体出资认购资产包,并享受约定期限满后的资产处置权,形成社会力量买林木未来收益、村集体小周期变现增收赢得绿色资本金共享模式。截至2019年末,累计发卡88张,授信430万元,帮助185家企业认购绿色期权资产包256个,500多个人认购"一村万树"绿色期权单位1468个,共认购资金1000万元。

　　创新畜禽活体抵押贷、供应链融资、"股权质押＋政策性担保"、生猪统保等金融产品,大力推进金融支持畜禽粪污处置和无害化处理全国试点工作,截至目前已为11家农业经营主体发放畜禽活体抵押贷3980万元。全链条式金融服务支持生猪养殖业绿色转型的"衢州经验"成为全国绿色金改的案例模板。

　　二是绿色债券。2019年,推动东方集团成功发行1亿元绿色创新创业公司债。推动注册、发行绿色债务融资工具、公司债、双创债、资产支持票据55.9亿元,拓宽了绿色市场的融资渠道。推动市交投集团发行10亿元绿色公司债。柯城区国资公司12亿元绿色公司债和市城投集团特许经营权资产支持票据(ABN)10亿元相继获批。

　　三是绿色基金。衢州市财政部门已设立绿色发展基金5个,基金总规模13.5亿元。其一,衢州市绿色产业引导基金参与设立衢州华海新能源股权基金,总规模6亿元,专项用于衢州华友钴业新能源新材料项目建设。设立花园258基金中心,通过优惠政策配套积极吸引国内外基金和投资机构入驻。共引进55家基金和管理公司,注册资金35亿元。其二,衢江区政府引导基金、杭州银行衢州分行、衢州网新投资管理有限公司三方共同出资4012万元设立衢州市衢江区纤纳投资合伙企业(有限合伙),旨在帮助衢江区政府引入升级产业,扶持企业上市。

　　四是绿色保险。按照"险种综合、费率优惠、服务创新"的原则,在全国率先试点安全生产和环境污染综合责任保险项目,安环责任险在全国首创安全生产和环境污染综合责任保险,实现对化工产品全生命周期管理,解决了生产和环境风险难题。2019年,推动安环险在衢州七大行业全覆盖(危化工、金属冶炼、电镀、矿山、造纸、木制品、环境治理)。截至2019年12月末,已有 283 家企业为重化工企业从业人员参保,实现保费 1698 万元,为企业提供 190 亿元风险保障。

（本报告由中国人民银行杭州中心支行提供）

第十二章　2019 年度湖州绿色金融发展报告

2019 年,在中国人民银行等国家部委及中国人民银行杭州中心支行等省级部门的指导支持下,湖州试验区坚持先行先试、积极探索,开展了一系列富有湖州特色的创新与实践。2019 年湖州绿色金融主要举措如下。

(一)构建产品服务体系,强化绿色金融供给保障

紧紧围绕高质量发展的要求,创新绿色金融供给模式和方式,做大绿色金融规模、做优绿色金融结构、做强绿色金融保障。

一是创新绿色信贷产品。深入实施绿色金融产品创新"531 工程",在前期绿色信贷产品清单的基础上,引导银行机构加大产品服务创新,更好地满足多层次、宽领域绿色企业(项目)融资需求,扩大产品服务覆盖面。2019年,全市金融机构共创新绿色金融产品 69 个,合同能源管理、绿色供应链融资等取得突破。如中国工商银行湖州分行推出的绿色普惠系列产品,有绿色税务贷、绿色开户贷等产品。农行湖州分行建立绿色 EVA 定价机制,创新开发了"绿色企业(项目)系列贷",对达到一定绿色等级和亩均效益的融资主体给予利率优惠,并配备一定比例的信用贷款。

二是拓展绿色债券融资。依托全国首个自然资源资产负债表,积极推进绿色资产证券化,通过绿色金融赋能,将绿色资产转化为资本,累计发行绿色资产证券化产品 5 只。探索绿色债券融资方式,累计发行贴标绿色债券 19 单,其中绿色金融债 5 单。与此同时,在人民银行总行的支持下,借助香港金融市场拓展绿色债券发行渠道,目前已成功发行 2 单,待

发行 5 单。

三是加快绿色基金投放。围绕绿色产业发展，湖州设立 48 只绿色产业基金，基金总规模 361.07 亿元，支持绿色项目超过 100 个。针对绿色科创企业，湖州建立了绿色投贷联动基金，基金总规模达 15 亿元，市财政委托国资公司与湖州银行按照 1∶2 的方式发起设立。其中，国资公司以投为主，湖州银行配套信贷融资，并实行 9 折利率优惠。目前，投贷联动对接绿色制造企业 81 户，累计投放资金达 6.21 亿元。

四是创新绿色担保方式。针对绿色企业和项目"融资难""担保难"问题，湖州创新打造"政策性担保定向支持""绿色小额贷款保险""绿色信用保证"三大绿色担保模式，根据融资主体的绿色等级，给予差异化的担保支持。对"深绿"企业，最高补助 75% 的担保费用；对"中绿"企业，最高补助 50% 的担保费用；对"非绿"企业，审慎担保或提高担保费率。三大担保模式相继建立以来，累计为 356 家绿色企业提供了 6.94 亿元的融资担保。

五是推动支付方式创新。以"央行支付 中流砥柱——支付系统助力绿色金融改革发展"等主题，推动金融机构发放的金融 IC 卡积分与个人的低碳出行、垃圾分类、医疗等行为挂钩，着力提升绿色金融基础服务。累计完成 3 万余户农村地区商户、625 个银行卡助农服务点、28 个景区、43 个休闲农场、155 家民宿使用移动支付方式付款改造；建成受理移动支付的纳税缴费服务点 35 个、停车场 20 个、泊车位 3800 个、公交车 2057 辆，实现移动支付交易量 760.38 万笔。

六是推动排污权抵押贷款创新试点。落实《湖州市排污权抵押贷款暂行规定》，引导银行机构完善授信管理制度，努力实现排污权抵押贷款业务新突破。全市排污权抵押贷款余额 1.22 亿元，较年初新增 0.06 亿元，同比增加 0.06 亿元。同时在全国首次尝试排污权与厂房、土地使用权一并拍卖的方式，确保排污权质押权利有效实现。建立排污权抵押贷款制度、抵押公示制度，排污权抵押贷款超 1 亿元，丰富排污权价值发现机制，引导企业绿色转型的积极性。

（二）构建政策激励体系，激发绿色金融内生动力

坚持市场化导向，创新设计政策激励机制，增强绿色金融可持续性，提升金融机构的积极性。

一是加大财政政策支持力度。发布《湖州市国家绿色金融改革创新试验区建设 2019 年推进计划》，进一步放大绿色金改的政策红利，强化金融供给保障、优化金融供给结构、提升金融供给绩效。同时将金融机构绿色化发展与财政资金竞争性存放评分体系相结合，指标权重约 30％。绿色金融表现较好的机构，更容易获得低成本的财政资金支持。

二是实施货币政策激励。人民银行湖州市中心支行突出"机制建设"和"财务表现"两个核心，精准量化金融机构绿色发展水平，并将评估结果正式纳入 MPA；与此同时，将"两高一剩"贷款从资本充足率评估指标中扣减，引导金融机构增大对绿色产业的投入力度。探索建立再贷款货币政策工具支持绿色信贷机制，推出"再贷款资金＋绿色信贷产品"支持模式，依托绿贷通平台，探索实施线上授信、线上放贷。自推出支绿再贷款以来，已累计发放 26.3 亿元，专门用于支持绿色小微企业及绿色农业，培育了"绿色园区贷""两山白茶贷""仟禾福工程"等典型绿色信贷产品。

三是强化监管政策引导。湖州银保监分局率先建立绿色银行监管评价制度，将绿色金融表现纳入现场检查项目和非现场监管内容。为全面深化绿色金融改革，衡量银行机构绿色化程度，提升绿色金融的服务质效，湖州银保监分局对辖内 34 家银行机构开展 2019 年度绿色银行等级评定，评级结果直接与差异化的监管措施挂钩。辖内银行机构绿色金融意识得到明显提升，17 家机构被评为 B 级（含）以上，11 家机构评级较 2018 年有所提升。

（三）构建基础设施体系，夯实绿色金融改革基础

加快信息系统、标准规范、投融资平台、评估机制等基础设施建设，不断提升绿色金融公共服务能力。

一是建立绿色融资主体认定系统。编制了全国首个地方性绿色融资主

体认定评价方法体系，以人民银行总行、银保监会、国家发展改革委相关指引为编制依据，从环境气候影响（E）、社会责任表现（S）、公司治理水平（G）、地方可持续发展导向（L）四个维度 24 项指标，构建了 ESG－L 评价模型，对绿色融资主体进行认定评价。在此基础上开发了 IT 系统（"绿信通"），实现绿色融资主体认定自动化、可视化、精准化。绿色认定评价信息系统上线以来，已评定绿色融资企业 298 家、绿色融资项目 33 个。

二是建立绿色金融信息管理系统。认真贯彻陈雨露副行长在全国绿色金改建设座谈会上提出的要求，主动承接人民银行绿色金融信息管理系统开发任务，集绿色贷款统计分析、绿色信贷流程监管、绿色金融政策实施效应评估为一体，实现绿色信贷数据 T＋0 实时逐笔登记采集、绿色信贷统计方法精准拉平、节能减排指标精确测算、绿色信贷业绩自动评价、监管信息实时共享等功能，打造数据可溯源、可比较、可计量的绿色信贷管理和信息查询平台。该系统 2019 年 8 月起在湖州辖内成功上线运行，全市 36 家银行机构全部接入，目前系统运行正常。此外，搭建绿色金融信用信息服务平台，向金融机构提供以"公共信用信息＋绿色信息"为主要内容的非负债替代信息查询服务。

三是建立绿色金融信用信息服务平台。绿色金融信用信息服务平台是人行湖州市中心支行依据"湖州信用"平台，利用地方政府数据库资源，筛选出银行最常使用的 21 项企业公共信用信息和绿色评级等信息，向接入机构提供以"公共信用信息＋绿色信息"为主要内容的非负债替代信息查询服务，实现银行只需"查一次"，企业信用面貌全掌握，有助于银行机构把控风险，实现绿色信贷有效投放，解决绿色信息共享难问题。目前，通过平台可以查询到全市 33 万余家企业非信贷类信息，覆盖率达 100％，全市金融机构支行一级均开通查询用户，已累计查询企业信息近万次，反馈政策效果和评估应用成果信息数千条。

四是建立绿色金融综合服务平台。以解决绿色金融信息不对称问题为出发点，运用金融科技，建立绿色金融综合服务平台，为企业提供贷款、股权、担保"一站式"金融服务，帮助企业像淘宝购物一样，向全市 36 家银行精准"网购"贷款，向全国 100 多家投资机构和投资人网上路演推荐，向全市所有政策性担保机构一键申请担保。同时，该平台首创抢单服务、限时服务、上门服务"三服务"机制，并通过政务数据共享，企业少跑腿、银行快审批，大大缩短企业等"贷"时间。该平台上线以来，累计帮助1.4万多家企业获得银行授信超过1280亿元，授信利率下降了11.86%，有效缓解了企业融资难、融资贵和融资慢等问题。

五是建立绿色金融地方标准体系。将绿色金融标准体系建设作为重点，在全国率先制定绿色金融标准建设实施方案，积极推动绿色金融认定、评价、产品标准化，通过近三年的实践探索，初步形成全市统一、有公信力、可操作性的绿色金融标准体系。目前已发布绿色融资企业评价规范、绿色融资项目评价规范、绿色银行评价规范、银行业绿色金融专营机构建设规范、美丽乡村建设绿色贷款实施规范、环境污染责任险风险评估技术规范等10项创新性制度和标准，另有1项标准即将发布。

六是率先编制并发布区域绿色金融绿色发展指数。绿色金融指数是衡量一个区域绿色金融综合发展状况的指标体系，能较为科学、客观地反映区域绿色金融发展总体情况。人行湖州市中心支行会同中国标准化研究院等部门，以绿色金融和相关经济统计指标为基础，围绕"绿色金融基础、市场、贡献"三大维度，基于"目标导向性、指标通用性、数据可操作性、指标代表性、动态发展性"五大原则，建立以3个一级指标、10个二级指标和45个三级指标为框架的分级指标体系，以"定基比较法"实行无量纲化处理，实现对区域绿色发展的量化评估，全面客观评估湖州绿色金融发展质量与水平。评估结果显示，湖州2017年绿色金融发展指数值为115，2018年跃升到151，显示出湖州绿色金融基础日渐扎实，市场活力被充分激活并释放。在2019中国金融学会绿色金融专业委员会年会暨中国绿色金融发展论坛上，湖州市正式发布湖州绿色金融发展指数（2017—2018），这是我国首个由试验区发布的区域性绿色金融发展指数。目前，湖州《区域绿色金融发展指数评价规范》（DB3305/T 123—2019）正式发布，自12月1日起正式实施，这也是湖州获批全国绿色金改试验区以来发布的第七项绿色金融地方标准。

（四）构建开放合作体系，提升绿色金融能力建设

坚持"开门搞改革"的思路，主动融入合作网络，积极搭建开放式交流平台，凝聚各方资源和智力支持。

一是积极参与全球绿色金融合作网络。积极落实中英财经对话机制成果，参与中英金融机构环境信息披露试点，成为该项试点的唯一城市代表。积极推动与CFA协会的合作，探索CFA绿色金融论坛（湖州）定期化、常态化，与境内外CFA持证人开展绿色金融交流合作。推动地方法人银行参与全球绿色金融治理和创新，目前湖州银行已成为联合国环境署可持续发展银行网络试点银行和人民银行绿色信贷共享平台发起银行。

二是率先成立绿色金融专家智库组织。建立试验区首个绿色金融专家咨询委，15位来自绿金委、高校、第三方机构以及上级部门的专家和领导担任咨询委委员，为湖州绿色金融改革提供强有力的智力支持。市政府每年安排专项经费，与专家合作开展重大课题研究，加快绿色金融理论和实践创新。成立试验区首个绿色金融研究机构——南太湖绿色金融与发展研究院，搭建绿色金融研究和交流平台，强化湖州绿色金融改革经验和能力输出。

三是加强"一带一路"绿色融资合作。引导企业拓展"一带一路"新市场，针对"一带一路"沿线国家外汇储备少、信用弱，导致外贸企业面临较大的信用证延期兑付、违约兑付等风险的情况，支持湖州银行借助全球绿色金融领导力项目的合作平台，在中国进出口保险公司支持下，与"一带一路"沿线10个国家、45家银行强化同业合作，创新"信保＋福费廷"模式，为外贸企业提供信用证结算、福费廷融资等金融服务。进出口保险公司提供出口信用保险，湖州银行与境内银行对接、保障信用证及时结算，外贸企业快速回款并获得外贸融资，已帮助80家企业结算信用证金额近4亿美元，发放福费廷融资超5000万美元。

（五）构建风险防范体系，维护绿色金融生态环境

立足打好防范化解金融风险攻坚战，有效防范绿色金融市场、信用等风险,守住金融运行安全底线。

一是建立多层次环境信息披露机制。发布了全国首个《湖州市金融机构环境信息披露三年规划(2019—2021)》,创新制定了区域版、法人版、非法人版的信息披露框架,引导金融机构切实履行社会责任。首份"1＋4"环境信息披露报告(1份湖州市区域总报告、4家主要银行机构2018年度报告)已成功发布,包含"总体概况、战略与目标、治理结构、政策制度、风险管理与流程、绿色金融创新及实践案例、机构经营活动对环境产生的影响、机构投融资活动对环境产生的影响、绿色项目"等9个部分。与此同时,安吉农商行等部分银行还将环境信息披露的要求在贷款合同中约定,推动借款人自觉履行绿色环保要求。

二是深入推进绿色金融同业自律机制建设。指导湖州绿色金融行业自律机制发布《湖州市绿色信贷服务自律公约》,各成员单位共同承诺在绿色贷款认定程序、定价机制、授信管理、考核规范、信息披露等方面加强规范,共同助推湖州绿色金融改革创新走向深入,将对实现探索创新和防控风险的平衡、协调处理自律和他律的关系等方面发挥积极作用,为湖州绿色金融改革创新营造共同遵守、相互监督、共同发展、相互促进的良好金融生态环境。

三是建立能动式金融司法保障机制。积极发挥司法能动性,开展绿色金融领域司法实践创新,率先制定了服务保障绿色金改试验区建设司法指导意见,围绕优化投融资环境、发挥审判职能、规范风险防控体系、完善工作机制等4个方面出台了18条保障措施。首次尝试排污权与厂房、土地使用权一并拍卖的方式,确保排污权抵押权利有效实现。创新打造绿色金融纠纷调解中心,通过"金融调解＋司法确认"机制,让绿色金融纠纷案件得以高效低成本解决,实现政银企法四方共赢。

(本报告由中国人民银行杭州中心支行提供)

第十三章　2019 年度浙江省银行业、保险业绿色金融实践

近年来,在银保监会和浙江省委省政府的坚强领导下,中国银保监局浙江监管局引导辖内银行业保险业深入实践"八八战略",以"两山"理念为指引,探索绿色金融浙江模式,在基础设施建设、体制机制、产品服务创新等方面均取得积极成效。特别是 2017 年 6 月浙江省湖州市、衢州市获批全国首批绿色金融改革创新试验区后,辖内银行业保险业坚持边试点边总结、边完善边推广,以试点经验带动全省绿色金融发展,绿色金融创新的力度、广度和深度持续加大,有力助推浙江实体经济绿色转型和高质量发展。

(一)完善金融基础设施,推进绿色标准化建设

1.着力构建绿色标准体系

近年来,中国银保监局浙江监管局稳步推进绿色金融标准化工作。在全国率先开展区域性环境信息披露,引导金融机构重视绿色组织管理,鼓励金融机构创新绿色产品服务体系,切实履行社会责任。率先制定绿色银行评价规范、绿色专营机构建设规范、绿色企业认定标准、绿色项目认定标准,从项目、融资主体、金融机构等多维度,环境气候影响、社会责任表现等多方面,建立可量化、可复制的标准化指标体系,推动绿色认定与融资对接联动。如指导湖州市保险行业协会发布全国首个"绿色保险"市级地方标准《环境污染责任保险评估技术规范》,推动保险公司积极参与环境风险治理体系建设;联合衢州市有关政府部门编制全国首个传统产业绿色改造转型评价标准——《衢州市绿色企业评价办法》,确定首批 20 家绿色民企绿色转型

项目。

2. 积极推进绿色金融服务平台建设

早在 2011 年,中国银保监局浙江监管局即与浙江省环保厅合作,在全国率先搭建"绿色信贷信息共享平台",为银行提供及时、有效、全面的企业环境行为信息,解决绿色金融发展中银企信息不对称问题。2017 年,以建设绿色金融改革创新试验区为契机,联合湖州市政府、搭建"绿贷通"银企对接服务平台。平台通过"金融＋互联网＋大数据"融合,创新"信贷超市"和"银行抢单"模式,有力推动银行信贷供给与企业融资需求的高效对接。目前,平台已覆盖超 1.7 万家企业,帮助 1.4 万余家企业获得授信,完成融资1664 亿元。在保险产品方面,将绿贷险植入"绿贷通"平台,开通线上担保模式,实现了客户高效对接。在此基础上,中国银保监局浙江监管局推动"绿贷通"平台作为子平台接入浙江省金融综合服务平台,进一步扩大企业覆盖面,并在信息共享的同时将绿色信贷理念嵌入银行信贷获客、审批、投放等关键流程,推动信贷资源更加精准高效地投向绿色领域。

(二)创新金融体制机制,健全绿色监管体系

1. 大力支持绿色专营机构建设

近年来,中国银保监会浙江监管局积极鼓励辖内银行机构设立绿色金融事业部或绿色金融专营分支机构,创新"六单"(单列信贷规模、单列资金价格、单列风险管理指标、单列信贷审批通道、单列绩效考核、单列绿色金融产品)绿色管理模式,实现绿色金融专营体系建设全国领先,为绿色金融发展提供了有力的体制机制保障。2016 年 5 月,安吉农商行成立全国首家小法人银行绿色金融事业部;2017 年 6 月,南浔农商行成立全国首家绿色专营支行;目前仅湖州、衢州两地就成立了 22 家绿色专营支行,绿色事业部(管理部)在主要银行机构全覆盖。如辖内农业银行建立"1＋2＋10＋N"绿色专营体系,形成了以省分行绿色金融部为主导,湖州、衢州两大绿色金改试验区分行为先锋,杭州、温州、绍兴、嘉兴、台州、舟山等 10 家一级支行为核心力量以及 N 家特色二级支行为绿色示范支行的"绿网"。同时,13 家保险机构成立绿色金融领导小组或绿色保险事业部,绿色保险专营体系逐步

形成。

2. 强化监管激励约束机制

为引导辖内银行保险机构重视并强化绿色金融推进工作,将绿色金融评价结果与监管评级、机构准入、高管人员履职评价、绿色金融债发行等监管举措挂钩,实施差异化监管,激励先进、鞭策落后。如衢州银监分局对评选出的绿色金融发展较好的机构优先开通市场准入"绿色双优"通道,即"优先设立绿色专营机构,业务准入绿标银行优先"。湖州银保监分局不仅将绿色银行评级结果与下一年度的绿色专营机构准入相挂钩,还与地方政府有关部门合作,使绿色银行评级结果与财政补贴、行政处罚、税收优惠等方面进行结合运用,如连续两年排名前三的金融机构可以获得50万元财政奖励。

3. 完善机构考核激励机制

推动辖内银行保险机构制定绿色发展战略,建立相对应的综合考核、条线业务考核、个人绩效考核等激励机制,提高基层经营行及客户经理拓展绿色信贷业务的积极性。如工商银行浙江省分行实行绿色信贷"行长负责"制,把环保依法合规和绿色信贷建设作为各级行一把手直接负责的重点工程,纳入行长绩效考核。在此基础上,实施环保一票否决制,将环保依法合规作为客户准入和业务办理的首要前提,对于忽略环保要求、为环保违规企业提供融资的,对各级机构一把手及相关人员严格问责。建设银行浙江省分行将绿色信贷业务发展情况纳入KPI年度考核指标体系,从加大支持、主动退出、存量风险等维度对绿色信贷进行考核,并将第二年财务费用、贷款规模等与银行经营息息相关的指标,与绿色信贷的投放力度、产品创新、模式创新、业务拓展等工作完成情况直接挂钩。

(三)创新金融服务模式,支持绿色产业发展

1. "绿色信贷+股权收益权转让"服务模式

针对部分绿色企业或项目存在的充足抵质押担保物的问题,引导辖内银行业金融机构创新推出"绿色信贷+股权收益权转让"融资模式。如国开行浙江省分行合理预测地铁票价收入以及地铁三期沿线控规中明确的上盖

用地和关联用地开发收益,将地铁票价与物业开发收入形成的综合公司现金流作为项目还款来源,支持杭州地铁三期工程项目建设,创新实现了轨道交通项目的市场化融资。

2."绿色信贷＋供应链融资"服务模式

为帮助缓解大型环保企业上下游小微企业流动资金不足的困境,引导辖内银行业金融机构创新"绿色信贷＋供应链融资"模式,助力环保企业打通产业链,推进全产业链健康发展。如吴兴农商行创新"绿色金融＋链贷通"融资方式,根据供应链核心企业绿色化程度给予相应授信,并通过"链贷通"合作协议为核心企业上下游小微企业发放绿色贷款。

3."绿色信贷＋其他融资方式"服务模式

在保障绿色信贷供给的基础上,引导浙江银行业通过"间接融资＋直接融资"模式进一步拓宽中长期环保项目融资渠道,满足企业多层次、多品种、结构灵活、成本低廉的融资需求。如招商银行杭州分行创新推出"绿色信贷＋绿色企业债券"模式,作为主承销商支持旺能环境股份有限公司成功发行5 年期绿色中期票据 12 亿元,同时配套发放中长期贷款 3.11 亿元。农业银行浙江省分行创新推出"绿色信贷＋绿色基金"模式,成立投贷联动基金"温州轨道交通基金"119 亿元,支持温州市绿色轨道交通建设;成立衢州绿发集团绿色产业基金"绿发产业基金"1.5 亿元,支持衢州完成绿色产业升级。

4."绿色保险＋服务＋监管"服务模式

为进一步发挥环境污染责任险效用,鼓励浙江保险机构积极参与环境风险治理体系建设,由传统的事后赔偿模式,升级为"保险＋服务＋监管"的全流程管理模式。如人保财险浙江分公司将保费的 50％用于企业环境风险体检,涉及环保基础管理、安全生产管理、化学品管理、污染治理管理、环境应急管理等 5 大类 90 项风险细化指标,体检结果与环保监管、承保费率等挂钩,推动企业提升环境风险管理能力。

5.银政保合作服务模式

为实现小微企业绿色信贷"降门槛、降成本、降风险",浙江银行业创新多种银政保合作模式,支持中小微企业绿色发展。如衢州探索推出"绿色信贷＋绿色风险池"模式,银行机构与开化县政府按 7∶3 比例出资成立首期

1500万元绿色风险池,专项用于环境友好型小微企业贷款风险补偿;湖州推出"保险＋贷款＋补贴"模式,银行与保险公司开展贷款保证保险业务合作,共同尽职调查并以7∶3比例分摊贷款本息损失,在此基础上湖州市政府安排一定财政资金进行融资成本及风险补偿。

(四)打造金融特色产品,打响绿色金融浙江品牌

1."绿色园区贷"助力"低小散"污染治理

为促进"低小散"企业入园集聚发展,浙江银行业深化金融创新,精准支持入园小微企业融资需求,有效实现能源的高效利用、土地的节约集约、污染的减排少排和传统产业的转型升级。湖州银行推出"绿色园区贷"产品,为湖州市吴兴区砂洗城园区建设和园内企业生产经营提供贷款,不仅帮助园区实现了统一供能和污染排放处理,也促进了传统小微企业入园集聚和转型发展。据测算,小微企业入园前后对比,每年可减少污水排放100万吨,节电1300万千瓦时,减少沙尘排放12.6万吨。

2."生猪保险"推动生猪养殖业绿色发展

在贯彻落实乡村振兴战略的过程中,浙江保险业积极打造绿色农业保险,助推农村现代化和美丽乡村建设。人保财险衢州分公司首创生猪保险与无害化处理模式,将所有生猪纳入保险范围,一旦出现病死猪,由无害化处理中心工作人员当场收集,确保100％无害化处理,并将无害化处理证明作为保险理赔必备单证。生猪保险以经济杠杆撬动病死猪的无害化处理,既能有效保障农户利益,又有助于解决环境污染和食品安全问题。

3."个人碳账户"解锁绿色金融新思路

近年来,金融机构多专注于开拓企业法人、绿色发展项目等领域,但个人领域绿色金融改革创新工作同样不可忽视。江山农商行在全国首创融合金融属性、公益属性、共享属性于一体的银行"个人碳账户"体系,在一定程度上填补个人领域绿色金改的"空白"。"个人碳账户"系统平台以金融科技为支撑、以银行账户系统为依托,多维度采集居民绿色支付、绿色出行、绿色生活信息。通过设置碳积分,从绿色支付、绿色出行等多个维度计算账户积分,并根据"碳账户"积分制定激励机制,正向引导居民的绿色行为。

（五）浙江省银行业保险业绿色金融实践启示

一是金融产品服务创新是基层银行保险机构绿色转型的有效切入点。基层银行保险机构身处绿色金融改革第一线，是改革最主要的实践者，但普遍受到专业人才缺乏、自主权限较少、有效激励不足等因素制约，推进改革动力相对不足。从研发成本低、突破难度小的金融产品服务创新入手，实现绿色金融业务的经济可持续性，以此作为绿色转型突破口，可有效增强基层机构发展绿色金融的主观能动性。同时基层机构市场敏感度高，能够因地制宜开展产品创新，有助于银行业和保险业由点及面推进绿色金融试点改革。

二是发展绿色金融必须与当地经济绿色发展协同推进。服务实体经济绿色发展是深化绿色金融的出发点和落脚点，必须充分认识区域经济结构的不同特点，紧扣当地主要产业的发展情况，在风险可控和商业可持续的前提下，因地制宜发展绿色金融，进行量体裁衣式的量身定制产品服务，实现绿色金融改革创新与实体经济转型升级有机结合，才能在发展绿色金融的同时有效助推地方经济绿色发展。

三是形成工作合力是绿色金融深化发展的保障。监管部门要充分发挥在绿色金融发展中的引导、推动、激励作用，进一步建立完善绿色金融监测评估体系，切实将绿色金融评价结果与监管评级、机构准入、服务实体经济质效评价等挂钩。但发展绿色金融不能仅靠金融部门单兵突进，也需要地方政府在绿色信贷贴息、财政补贴、税收优惠、财政性存款存放等方面加大支持力度，提升金融机构绿色金融发展的能力和意愿，更好服务实体经济绿色发展。

四是加强区域协同有助于促进绿色金融协调发展。当前各地正积极探索建立和完善绿色金融体系，但政策、标准等方面的差异在一定程度上限制了绿色金融的整体布局和长远发展。通过加强区域合作，建立绿色金融发展区域协调机制，形成绿色金融发展的统一标准、统一体制机制和人才培养体系，能够极大地推动绿色金融发展，从而进一步推动各地绿色经济协调发展。

（本报告由中国银保监会浙江监管局提供）

第十四章　台州小微企业金融改革经验与启示[①]

　　2015年12月2日,国务院常务会议决定,建设浙江省台州市小微企业金融服务改革创新试验区。试验区获批三年多来,台州市以回归本源、服务实体为改革创新的出发点和落脚点,以"两导向一统筹"为着力点和突破口,充分发挥"有为政府"和"有效市场"作用,在提高小微企业融资获得率、提升小微金融服务能效等方面取得了一系列基础性、首创性成果,有效缓解了小微企业融资难、融资贵问题,其经验、做法值得全国其他地区借鉴。

一、台州小微企业金融改革的主要实践

(一)以需求为导向,增强小微企业金融服务精准化

　　紧紧围绕市场主体多元化金融需求,有针对性地强化员工内训和产品服务创新,建立了与以民营经济为主导、小微企业为主体的实体经济相匹配的金融服务体系。

　　一是强化员工内训和产品服务创新,满足差异化金融服务需求。持续推进员工内训,强化原生态客户经理与原生态客户互动成长效应,提升首贷

---

①　本章内容是浙江省新型重点培育智库——浙江大学金融研究院的 AFR 咨询要报成果。执笔人为浙江大学金融研究院院长史晋川,浙江大学金融研究院研究员何嗣江、严谷军。

客户申贷获得率[①];9家农商行深耕农村市场,创新推出整村批量授信模式,整村授信覆盖率达87.23%;3家城商行不断下沉服务重心,以"三贴近"[②]积极践行普惠金融,2018年12月末户均贷款仅为31.52万元;建立和完善小微企业信贷产品信息查询平台,汇集355款贷款特色产品,为小微企业提供一站式信贷产品查询服务。

二是大力发展小微企业专营机构,扩大小微金融服务覆盖面。引导金融机构在机构新设上向小微企业专营机构倾斜,地域布局上城郊及乡镇优先。截至2018年12月末,全市已设立小微企业专营机构331家、社区支行101家;认定了8家电商特色银行、23家科技特色银行、9家旅游特色银行、9家人才服务型银行和1家文化产业特色银行。支持3家城商行"走出去",已在全国近20个省市设有451家分支机构、178家村镇银行总行及分支机构。

三是创新互联网技术运用,提升小微金融服务效率。基于扎实的线下服务基础,着力推动传统信息获取及处理方式与互联网技术融合,泰隆银行在传统"三品三表"基础上,通过"三化"[③]方式改造信贷技术,实施网格化、个性化服务策略;台州银行创新推出"智慧小微"金融服务新模式,开发基于互联网技术的"移动工作站",实现在线快速授信,实现客户"一次也不用跑"。

(二)以问题为导向,提高小微企业融资获得率

针对银企间信息不对称、小微企业信用担保难增信难及抵押物不足等问题,强化金融服务方式创新,增进金融机构服务小微企业的内生动力。

---

① 3家城商行、9家农商行中多家均有自己的内训学院。如:台州银行的银座学院,基于IPC微贷技术固化与优化发展经验,入行的新员工3个月内训可从事临柜工作,再经过3个月内训可独立从事微贷客户经理工作。

② "三贴近":产品贴近需求、服务贴近客户、机构贴近市场。

③ "三品三表":人品、产品、抵押品;电表、水表、海关(工资)报表;"三化":社区化、模型化、便利化。

一是以金融服务信用信息共享平台为抓手,破解银企间信息不对称问题。信用信息共享平台自动采集、实时更新,将市场监管、国税、地税、法院、房管、国土等 15 个部门 81 大类,覆盖 60.88 万家市场主体的 8546 万条信用信息整合汇集,免费提供给银行使用,具备基础信息、综合信息、信用立方和正负面信息等四大类查询服务,还开发了小微企业信用评级、自动预警功能,为银行筛选客户、贷款授信提供深度参考。

二是设立小微企业信用保证基金,有效破解信用担保难增信难问题。信用保证基金以"政府出资为主,银行捐资为辅"方式组建,定位非营利性质,分中心已全覆盖下辖县(市、区),合作银行已占辖区近半;出现风险后,信保基金和贷款银行按约定比例承担风险。截至 2018 年 12 月末,累计为 13365 家市场主体承保授信 19541 笔、累计承保金额 223.00 亿元,在保余额 75.96 亿元,有效破解了小微企业"担保难、担保累"、互保联保风险大等问题。

三是以商标专用权质押融资平台为抓手,破解小微企业抵押物不足问题。基于 2015 年全国首创商标质押贷款试点经验,率先开通国家商标局与台州受理点的数据专线,理顺登记、评估等关键环节,创新推出申请材料网上初审、受理点递交材料服务,确保商标质权登记受理"最多跑一次"。截至 2018 年 12 月末,累计办理质押登记 1581 件、占全国同期总量的 29%,质押金额达 117.41 亿元,累计发放贷款 94.60 亿元。

(三)坚持统筹发展,提升小微企业金融服务能效

注重统筹和协调,充分发挥政府对提升小微企业金融服务水平的引导作用,着力优化区域金融生态环境,深入推进小微金融服务改革创新。

一是"金改"与"跑改"结合,创新政银企合作新模式。将小微"金改"与"跑改"有机结合,依托农商行网点多、分布广、经办力量强、服务规范等优势,实现"社银联通"银行服务网点全覆盖,将政府部门社保、不动产抵押贷款登记、公积金等业务办理延伸至农商行基层网点,既缓解了政府办事窗口业务压力和人手不足等问题,又让群众办事从"最多跑一次"提升到"就近最多跑一次"。

二是抓大与扶小兼顾,鼓励上市公司引领行业发展。强化政府政策扶持与服务支撑,引导企业主动对接多层次资本市场,加快企业股改上市,引导上市公司聚焦七大千亿产业利用境内外资本市场、债券市场、场外市场等开展直接融资。截至 2018 年 12 月末,全市共有上市公司 53 家,其中 A 股上市数居全国地级市第四,中小板上市数居全国地级市第二,形成了证券市场"台州板块"。

三是创新与稳定并重,打造金融安全示范区。围绕开展"推改革促实体""强监管优环境""防风险严整治"等三大专项行动,健全市县两级金融风险防控、金融部门和司法部门联席会商、金融突发事件应急管理等工作机制;建立涉贷企业定期监测制度和出险企业协调帮扶机制,全流程防控"两链"风险。推进全国第二批社会信用体系建设示范城市的创建,建立信用联合奖惩机制,推进红黑名单建设,台州综合信用指数名列全国前茅。

二、台州小微企业金融改革的经验与启示

(一)推进小微企业金融服务改革创新,必须以服务实体经济为根本目的

习近平总书记在第五次全国金融工作会议上指出,做好金融工作的第一条原则就是回归本源,服从服务于经济社会发展,特别是要"把更多金融资源配置到经济社会发展的重点领域和薄弱环节,更好满足人民群众和实体经济多样化的金融需求"。台州小微金改正是基于这一原则,通过系列务实的创新,提高了金融服务实体经济的效率,有效促进台州小微企业的健康发展和经济的转型升级。截至 2018 年 12 月末,台州小微企业贷款余额 3057.66 亿元,占全部贷款余额 41.51%,分别高于全国和全省近 20 个百分点和 10 个百分点,增速高于全部贷款增速 1.87 个百分点,小微企业申贷获得率 94.28%,连续九年全面完成小微企业贷款"不低于"要求。在系列小微金改措施的推动下和小微企业提质升级政策的支持下,全市小微企业等市场主体保持了较快增长态势。2018 年 12 月末,全市共有小微企业 14.91

万家，比 2015 年末新增小微企业 71545 家，新增 8202 家个体工商户转型升级为企业。

（二）推进小微企业金融服务改革创新，需要地方政府有所为有所不为

台州的小微金改始于基层，创新在基层，实践在基层，是一种"摸着石头过河"和"自下而上"的改革方式。台州始终坚持大胆创新，充分发挥地方政府在提升小微企业金融服务水平中的引导和推动作用，先行先试改革创新举措，并进行重点突破。该政府做的，主动作为、强势推进，如"金融服务信用信息共享平台、小微企业信用保证基金、对接多层次资本市场"等方面，充分发挥"有为政府"作用。同时，政府也要坚持有所不为，不该政府做的，充分发挥市场机制作用，如台州在 3 家城商行的管理上，做到参与不干预、参股不控股。

（三）推进小微企业金融服务改革创新，必须牢牢抓住信用建设这条主线

信用是现代金融的基石，也是小微金改的生命线。无论是金融服务信用信息共享平台，还是小微企业信用保证基金，都是围绕"信用"做文章。台州持之以恒地加强信用体系建设，切实加大对失信市场主体的惩戒力度，引导小微企业增强信用意识；积极推进农村信用户、信用村（社区）、信用乡镇（街道）为主体的信用工程，引导规范民间融资活动，加大对非法金融活动打击力度，打击恶意逃废债行为，着力打造良好的信用环境。

（四）推进小微企业金融服务改革创新，需要发挥市场在金融资源配置中的决定性作用

始终尊重自下而上自发的制度创新，充分相信市场有解决小微企业融资难、融资贵问题的智慧和办法。坚持城商行民营化、市场化特征，凸显了体制、机制先发优势，持续推进国际先进微贷技术本土化与优化发展，满足了面广量大的小微企业多层次多元化的个性融资需求。国有和股份制银行主动放下架子、扑下身子,不断创新机制、创新产品,扎根台州小微企业金融服务市场。

(五)推进小微企业金融服务改革创新,需要注重人才培养的关键作用

金融改革发展过程中,人才资源是第一资源。台州市、县(区)两级政府出台了大量优惠政策,大力引进境内外优秀经济金融专业从业人员,尤其是通过定向招聘、一对一沟通等方式引进紧缺急需的金融高端人才,并对高端金融人才实行持续的长效激励政策,为小微金改的推进提供了有力的人才支撑。同时,鼓励创新金融人才培养方式,引导金融机构和高等院校建立金融人才联合培养机制,实行企校共研需求、互动培养,有效提升了人才培养质量。支持金融机构积极开展内部针对性培训,采取岗位培训、研修学习、技术考察、实践锻炼等多种方式,开发了一大批能力强、素质高的专业从事小微金融服务的人才。

(本报告由浙江大学金融研究院提供)

第十五章 关于推动发展浙江省"区块链＋供应链"金融的政策建议[①]

近期出现诺亚财富踩雷承兴国际应收账款、嘉兴银行遭遇虚假应收账款质押、闽兴医药伪造应收账款等供应链金融负面事件,企业或金融机构遭受重大损失。2019 年 7 月,中国银保监会办公厅发布《关于推动供应链金融服务实体经济的指导意见》,明确指出:要坚持全面管控风险,既要关注核心企业的风险变化,也要监测上下游链条企业的风险。正确利用和发挥区块链技术,能够有效控制供应链环节的金融风险,不仅能够减少虚假交易和虚假合同等问题,而且能够降低中小企业的融资成本,缓解融资难融资贵问题,有效落实浙江省"融资畅通工程"。

一、供应链金融发展存在的问题

供应链金融是以核心企业与上下游企业之间真实的交易情况为基础,以生产商品或服务的未来现金流为直接还款来源的一种融资方式。根据国家统计局数据,2016 年末,规模以上工业企业应收账款 12.6 万亿元,国内2020 年供应链金融市场规模预计将达到 15 万亿元。然而,实践中常常存在以下问题:

---

① 本章内容是浙江省新型重点培育智库——浙江大学金融研究院的 AFR 咨询要报成果,执笔人为浙江大学金融研究院副院长王义中、浙江大学金融研究院学术委员会主任金雪军、浙江大学互联网金融研究院副院长杨小虎、浙江大学软件学院副院长蔡亮。

（一）质押物的真实性

目前，在供应链金融实际运作中，企业主要凭借纸质票据取得融资贷款，但纸质票据容易造假。如果金融机构未能审核出虚假业务单据和货物凭证，供应链贸易背景和贸易关系的真实性存疑，就无法追查到供应链融资的偿债来源。只有真实的贸易往来关系才能保证相应的应付账款收益权，从而得到未来的现金流。否则，融资贷款很可能无法兑付。

（二）授信对象的局限性

限于信息不对称问题，金融机构往往会以核心企业为主，给最靠近核心企业的上下游公司进行授信，使得供应链金融往往仅能惠及一级供应商与经销商，而余下的众多离核心企业较远的二级和三级中小企业供应商融资需求尚未得到满足。因为二级和三级供应商规模小、无足够的抵押物，在金融机构的评级体系下处于劣势，导致最需要资金的中小微企业无法通过供应链实现融资。

（三）重复质押现象的普遍性

物流、信息流和资金流三者的统一是供应链金融业务顺利实施的必需基础。然而在实践中，银行由于通常不具备仓储管理能力，往往会依托第三方物流企业对货物进行监管，使得银行无法有效进行贷后风险管控，可能会导致监管脱节，或者是物流企业与借款单位合谋伪造票据，造成同一笔应收账款被重复质押、质押商品被违规挪用等现象。

（四）核心企业信用资质的有限性

供应链金融业务正常运转的一个重要前提是核心企业的信用资质合格。金融机构往往会要求借款人提供担保以降低信息不对称风险，降低违约风险。核心企业的信用资质需要金融机构进行评估，但由于借款企业可能存在交叉持股、相互担保问题，导致核心企业的信用资质并不能有效降低信用风险，偿付存在不确定性。

二、区块链技术驱动供应链金融发展的作用

区块链是一种分布式数据结构,具有去中心化、开放性、匿名性和不可篡改性等特点,所以能够在一定程度缓解供应金融环节上存在的信息不对称,解决上述供应链金融实践过程中存在的四个问题,推动供应链金融健康发展。

(一)有效控制供应链金融风险

通过将供应链环节中的业务和数据上链,使资金流、信息流、物流三流合一。一方面,第三方金融机构对上游供应商提供产品时不再局限于该企业自身的固定资产价值和财务指标,而可以全局考虑整个供应链的风险情况,并且由于区块链难以篡改,数据更加可信,既有助于上游企业降低融资成本,也有利于第三方金融机构的风险控制。另一方面,采用链上电子仓单凭证,用电子凭证代替传统的纸质票据,用 RFID、AGV、视频分析等技术监测商品进出库动态,自动读取商品信息并写入区块链系统,可极大降低仓单造假的风险,保证了仓单的真实性,避免了重复抵押现象。

(二)有效提高供应链金融效率

通过区块链技术能够将电子凭证拆转融,即在区块链上发行一种数字票据,它可在公开透明、多方见证的情况下进行任意拆分、转移,数据获取、合同签订、票据流转等业务可以在线上完成,使得整个供应链环节的信用变成可传导、可追溯。持有凭证的下游企业可将全部或部分的凭证支付给上游供应商,并且可贴现、可融资,既解决了非一级供应商融资难和资金短缺问题,为大量原本无法融资的中小企业提供了融资机会,也可缓解核心企业的兑付压力,提高了票据的流转效率和灵活性。

(三)有效穿透供应链金融监管

供应链金融 ABS 是指将核心企业的供应商对该企业的应收账款债权

作为基础资产,以核心企业的信用为支持,发行 ABS 产品。在传统的供应链金融 ABS 中,交易结构复杂,交易量大,人工对账清算的效率低,准确性低,无法实现穿透式的监管。使用区块链技术,将底层资产全部上链,可实现票据电子化,使处理更加高效,信息更加可靠,数据更加准确,并且底层资产透明化,可实现穿透式监管。

三、浙江省"区块链＋供应链"金融发展的现实条件

(一)具有区块链产业发展的先发优势

浙江省和杭州市人民政府高度重视区块链产业发展,浙江省已经拥有众多国内外领先的区块链技术公司,科技人才优势明显。根据《2018 年中国区块链产业白皮书》,浙江省是全国区块链创业的集中地之一,区块链创业企业达到 36 家,已有众多区块链产品落地,开发区块链基础平台,提供行业应用服务。

(二)具有区块链技术应用的最佳场景

浙江省中小企业数量众多,供应链上的中小企业融资难、成本高,尤其是二级、三级等供应商/经销商的金融需求难以得到满足,为构建基于区块链技术的供应链金融平台提供了最佳的应用场景。而且,浙江省电子商务产业全国领先,基于电子商务平台上的数据,为"区块链＋供应链"金融提供了最真实的原始数据。

(三)具有区块链金融应用的初步成果

浙江省内的科技公司或金融机构已经将区块链技术运用到供应链金融模式中,取得了初步成果。例如,浙商银行在国内发行了首个区块链应收账款资产证券化产品;趣链科技开始为金融机构搭建国产自主可控的区块链＋供应链金融平台并逐步在运行。

四、浙江省推动"区块链＋供应链"金融发展的政策措施

（一）鼓励开发"区块链＋供应链"金融服务平台

一是鼓励核心企业开发"区块链＋供应链"金融服务平台。依托浙江省第一批省级供应链创新与应用试点 5 个城市和 96 家试点企业，鼓励大型核心企业在供应链金融应用系统基础上嵌入底层区块链系统，以数字凭证方式，对应收账款、存货等进行数字登记和保存，围绕核心企业的上游和下游企业，以及一级、二级、三级和 N 级供应商或采购商，对接银行、保理公司、融资租赁等金融机构上链确权与放款，建立"区块链＋供应链"金融服务平台。强化浙江省属国企、大型企业集团等重点企业对供应链的控制力，引导大型核心企业以自身良好的资信，运用"区块链＋供应链"金融为供应链上下游的中小企业破解融资难、融资贵困境。

二是鼓励金融机构开发"区块链＋供应链"金融服务平台。鼓励省内金融机构利用区块链技术，围绕农业、制造业、商贸流通等重点领域，结合与金融机构有资金交易的核心企业和上下游企业搭建"区块链＋供应链"金融服务平台，将企业应收账款转化为电子支付结算和融资工具，实现应收款的签发、承兑、支付、转让等业务"区块链化"，为供应链上下游中小企业盘活应收账款，解决融资难问题。鼓励探索区块链应收账款资产证券化，提前变现应收款或实现无障碍流转，进一步提升金融服务效率及风险控制能力。

三是鼓励科技公司开发"区块链＋供应链"金融服务平台。鼓励金融科技公司凭借自身的数据资源或技术优势开发"区块链＋供应链"金融服务平台，核心企业为中型企业，一级、二级、三级和 N 级供应商为中小企业，吸引更多金融机构和中小企业上链，由中型核心企业确认应收账款，并将应收账款拆分转让，打造全流程区块链金融系统，面向供应链整条产业链实现交易管理、资金管理、信用管理、存货管理、融资服务，保证交易安全透明，实现资金流的闭环，最终缓解中小企业融资难融资贵问题。

(二)全力建立"区块链＋供应链"金融支撑体系

一是推进省内"区块链＋供应链"金融信息融合。鼓励省内流通企业与生产企业合作,运用区块链技术构建物流数据库,准确及时传导需求信息,促进"链上"资金流、信息流和物流合一。探索建立银行保险机构与核心企业之间的利益共享机制和风险分担机制,激发核心企业开放上下游交易信息,主动参与供应链金融业务,推动"区块链＋供应链"金融健康稳定发展。

二是推动建设"区块链＋供应链"金融基础设施。依托人民银行征信中心建设的动产融资统一登记系统,开展应收账款及其他动产融资质押和转让登记,建立统一、便捷的动产抵质押登记、交易体系,规范动产抵质押、转让、处置流程,防止重复质押和空单质押,保证银企双方各项权利,推动建立法律认可的省内动产融资统一登记公示系统,以此搭建"区块链＋供应链"金融服务平台的基础设施。

(三)着力构建"区块链＋供应链"金融风控体系

一是探索设立第三方底层资产真实性核查平台。为确保"区块链＋供应链"金融上链的"源头数据"的真实性,设立第三方底层资产核准平台,对供应链金融交易的真实性进行审查,包括审查应收账款、票据等交易逻辑,合同附件完整性、内容与借款人的主营业务及其业务规模的匹配性,发票的内容、时间与主合同的匹配性,发票流向的合理性,发票是否伪造、编造或套印等,审核通过后才能将相关数据或信息"上链",建立数据隔离保护,防范供应链金融风险。

二是探索建立"区块链＋供应链"金融风险监测平台。接入政府部门、金融机构、核心企业、科技公司等相关数据,加强供应链大数据分析和应用,以区块链技术为底层框架,采用大数据、人工智能、物联网、云计算等技术,通过电子签名、实名认证、大数据交叉验证、数据验真等手段,及时监控上下游企业交易信息和资金流向,确保借贷资金基于真实交易。加大对核心企业提供虚假信息的惩罚力度,降低"区块链＋供应链"金融服务平台的违约风险。

(四)极力营造"区块链＋供应链"金融创新环境

一是打造浙江省"区块链＋供应链"金融创新基地。依托杭州、舟山、义乌等国家供应链创新与应用试点城市以及温州、海盐、庆元、永康、长兴等升级试点城市建设，围绕区块链技术、基础设施、核心产业三个"区块链＋供应链"金融生态圈层，完善区块链企业及供应链核心企业培育、孵化、加速机制。着力促进产学研深度融合，优化供应链金融产业结构和产业链条，加强"区块链＋供应链"金融国内外交流合作，拓展和丰富供应链金融上下游产业链，塑造有影响力的"区块链＋供应链"金融创新示范基地。争取在城市和产业集群供应链体系建设的政策畅通、信息畅通、资金产业、流程畅通上开发区块链的应用场景，形成一系列可复制、可持续的浙江模式和样本。

二是加强"区块链＋供应链"金融人才鼓励政策。给予浙江省高层次人次待遇，鼓励和吸引更多高精尖人才加入"区块链＋供应链"金融行业，推进密码学、共识算法、跨链、隐私保护等技术在供应链金融中应用的创新。大力聚集"区块链＋供应链"金融专业培训机构，鼓励和支持企业（机构）与高校联合设立"区块链＋供应链"金融专业企业教学点和专题定向班等。

三是开展"区块链＋供应链"金融前瞻性研究。组织相关专家开展前瞻性区块链在供应链金融运用中的技术攻关，分析区块链与供应链金融的应用问题、产融结合的有效路径，研究制定供应链金融相关的产品服务、数据采集、指标口径、交换接口以及仓储物流管理体系、交易单证流转体系等行业共性标准。探究区块链与供应链金融的匹配性，创新设计"应收账款质押的区块链应用"系统，探讨"区块链＋单证""区块链＋交易""区块链＋生态"等模式和应用构架等。

四是加强财政对区块链＋供应链金融的支持力度。加速推进区块链技术创新和应用示范，对供应链金融的相关市场主体加大财政支持和鼓励力度。加大政府引导多渠道资金支持区块链与供应链金融发展的力度，设立产业发展专项资金。奖励企业或个人企业（机构）在区块链分布式账本、对称加密和授权技术、共识机制、智能合约方面在供应链金融应用方面率先取得的技术突破。

（本报告由浙江大学金融研究院提供）

第十六章　关于进一步加强浙江省金融标准化建设的政策建议①

标准化制度化是经济活动和社会发展的技术支撑,是国家治理体系和治理能力现代化的基础性制度。金融标准化建设是固化推广浙江省金融体制改革经验的重要手段,是服务实体经济、防控金融风险、深化金融改革的重要基石,更是推动金融体系建设、管理和评价的一项重要工具。浙江是习近平总书记提出标准化战略思想的发源地和实践地,也是国家金融标准创新试点省,加强和实施浙江省金融改革标准化建设工作,为全国金融标准体系探索路径和经验,是一项重要和紧迫的任务。

必须通过构建金融标准工作机制、提升金融标准研制能力、提高金融标准认知程度、构建金融标准评价机制等手段,加快浙江省金融标准化建设,推进国家金融标准创新建设试点工作,提升浙江省金融行业"浙江标准"整体水平,提高金融消费者满意率和获得感,力争将浙江省打造成为全国一流的金融标准领跑者。

一、浙江省金融标准化工作的现状与不足

当前,在省委、省政府的正确领导下,浙江省金融标准化工作紧紧围绕绿色金融、互联网金融等改革创新工作,牢固树立改革理念和战略思维,凝

① 本章内容是浙江省新型重点培育智库——浙江大学金融研究院的 AFR 咨询要报成果,执笔人为浙江省标准化协会常务副理事长张欢、浙江大学金融研究院副院长章华。

聚各方合力,取得了阶段性成果。

2018 年 7 月,央行、银保监会、证监会、国标委四部门联合发文,批准在浙江省开展金融标准创新建设试点。试点工作启动以来,以地方区域金融改革为契机,初步形成全省金融标准化"统筹推进、重点突破、整体提升"新局面,重点工作推进情况见表 16-1。

表 16-1 浙江省金融标准创新建设推进情况

工作推进情况	具体工作
参与金融行业标准研制	结合台州小微金改和丽水农村金改实践,向金标委申请立项《小微企业信贷服务信息管理规范》《农村支付服务点服务规范》2 项行业标准
扩展重点金融标准执行范围	浙江省分行、杭州银行、瑞丰银行、上虞农商行、诸暨联合银行等省内多家机构开展对标及认证工作
构建金融标准特色区域	杭州以互联网金融为重点开展标准体系建设; 宁波以地区普惠金融为重点开展标准体系建设; 湖州、衢州以地区绿色金融为重点开展标准体系建设; 台州以小微金融为重点开展标准体系建设
启动区域金融标准研究	湖州初步研制了 4 项绿色金融规范; 台州提出建立《小微企业金融服务信用信息服务规范》等 9 项标准; 衢州启动绿色金融标准及评价体系建设

2019 年初,中国人民银行杭州中心支行等 5 家监管机构和部门联合公布了浙江省金融标准创新建设第一批省级试点项目,包括"企业基本存款账户服务标准研究与示范建设试点""商业银行小微企业授信业务管理标准化试点""小微企业信贷服务'最多跑一次'标准化规范化试点"等 19 个省级试点项目。

然而,浙江省金融标准整体推进不系统,标准体系建设不科学等问题仍然没有得到根本扭转;改革经验的标准转化,地方标准的有效供给仍有待进一步加强;标准的宣传贯彻实施、绩效评价等难点、堵点仍然存在,必须保持定力,破冰前行。浙江省与上海、江苏、安徽、福建、山东等周边省份的现行金融领域地方标准进行数量比对,见图 16-1。

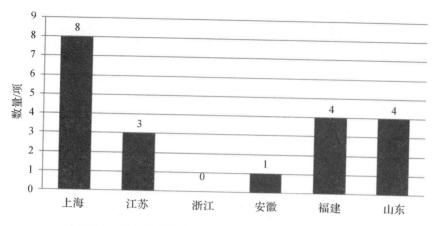

图 16-1　浙江与其他省市金融业地方标准数量对比情况

　　其中发现，上海市已发布《银行业窗口服务质量规范》《证券业窗口服务质量规范》《医疗保险社会服务规范》等 8 项金融业地方标准，集中在银行业、证券业、保险业领域；江苏省发布《供应链金融服务规范采购》《金融外包服务规范》《社会保险经办服务标准化工作指南》3 项金融业地方标准；安徽省发布《政策性农业保险气象服务规范》1 项金融业地方标准；福建省发布《金融 POS 终端技术规范》《银行业安全防范监控联网系统的要求》《农村土地承包经营权信托管理与服务规范》《网络交易平台经营者信用评价指南》4 项金融业地方标准；山东省发布《物流金融服务规范》《物流金融风险控制指南》《民间金融中介机构（信息咨询）服务质量规范》《保险行业服务质量规范》4 项金融业地方标准。

　　浙江省金融企业积极实施国家、行业标准，获批多项国家级地方金融改革试点，探索创新出一批"浙江模式""浙江经验"，但截至目前仍未形成浙江省地方标准。当前应尽快将初显成效的金融改革成果、经验进行标准转化和推广，以期用标准化手段突破改革瓶颈，撬动金融改革不断向纵深推进。

二、浙江省实施金融标准化工作的重大意义

　　一是高质量发展需要金融标准发挥重大作用。加强浙江省金融标准化建设，有利于营造金融创新"好生态"，引领金融新业务、新产品、新服务、新

渠道规范化发展,支撑金融业健康有序发展。质量提升,标准先行,只有高标准才有高质量,落实以人民为中心的金融发展观,满足人民群众日益增长的金融服务需求,提高金融产品和服务标准质量水平,将浙江省温州、宁波、杭州的金融管理体制改革和台州、丽水小微金融体制改革成功经验、有效模式加以固化并复制推广,为解决从先行先试到有效覆盖的"最后一公里"问题提供科学路径,提升金融改革整体发展质量,增强人民群众的获得感和满意度。

二是现代金融治理对金融标准提出更高要求。加强浙江省金融标准化建设,有利于筑牢金融风险"防火墙",以维护人民群众切身利益为出发点,确保金融信息安全、降低运行风险,弥补跨行业、跨市场金融产品监管空白,维护金融市场稳定。打赢防范化解金融风险攻坚战,既要着眼当前重点领域金融风险,也要标本兼治、多方施策,加快建立完善金融标准体系,做到防患未然、赢得主动,让"标准＋认证"在事前准入、事中事后监管中发挥基础性作用。加强金融治理重点领域的标准化建设,将有力支持金融业提高竞争能力、抗风险能力和可持续发展能力。

三是金融市场开放呼唤金融标准提供更多支持。加强浙江省金融标准化建设,有利于搭建金融服务"释放器",提高金融客户满意度和获得感,加快金融服务走出去。浙江省金融市场对外开放的步伐显著加快,促进金融市场开放,提升市场与服务互联互通,标准是不可或缺的基础性要素。金融标准要紧跟浙江省金融市场开放的步伐,坚持引进来、走出去,同时要借鉴引进国内外组织制定的先进标准,指导浙江省金融机构建立更加系统的风险管理框架,推进浙江省金融业双向开放发展。

三、加强浙江省金融标准化建设的政策建议

为推进浙江省金融标准化工作,结合当前实际,提出如下政策建议。

(一)加强顶层设计,构建金融标准工作机制

以"标准化＋"探索金融改革创新改革之路是一项系统工程,离不开技

术专家团队的支持和协助。与周边省份相比,浙江省应加快金融标准化技术委员会建设步伐,建立金融标准化人才库,提高金融标准化规划、标准体系建设、标准制度修订、标准宣传贯彻解读等工作水平。省金融标准化技术委员会应加强与国内外金融标准化组织沟通联系,结合《金融业标准化体系建设发展规划(2016—2020年)》要求,明确浙江省金融标准体系发展目标、主要任务和保障措施,推动金融标准有效应用。支持和鼓励按照金融企业不同类型设置工作组分工合作、密切配合,推进浙江省金融标准化建设进程。

(二)加快经验转化,提升金融标准研制能力

一是要积极参与金融国家标准、行业标准编制,加强对金融科技、金融风险防控等领域金融标准的跟踪研究,在绿色金融、互联网金融方面有序开展技术性规范建设,认真总结经验,及时向中央金融管理部门、全国金融标准化技术委员会提出金融国家标准、行业标准提案;二是要加强金融团体标准建设,按照《中华人民共和国标准化法》《团体标准管理规定(试行)》,有序开展团体标准建设,认真总结经验,适时申请转化为金融地方标准、行业标准、国家标准;三是要加强金融机构企业标准建设,指导金融机构按《企业标准体系》《服务业组织标准化工作指南》等标准化良好行为确认要求开展企业标准建设,鼓励金融企业积极参与标准化试点工作及企业标准转化提升,为浙江省乃至全国提供可复制、可推广的经验;四是要积极对接"一带一路"倡议,做好国外金融技术法规和标准的追踪研究,探索国际金融标准合作,利用浙江沿海区位优势和跨境电商产能优势契合,积极推进浙江省金融标准走出去和先进国际标准引进来。

(三)加强宣贯力度,提高金融标准认知程度

一是要建立浙江省金融重要标准新闻发布制度,加强对社会关注、公众关心的标准宣传和解读,提高全社会通过标准监督服务供给、维护自身权益的意识和能力,形成全社会对金融标准化工作的共识;二是要开展金融标准宣传贯彻活动,以国家"质量月""世界标准日"等主题活动为平台开展金融

标准宣传。利用媒体、网络、会议等平台,调动金融机构营业网点、网上银行等消费者直接接触的媒介,开展多层次、多角度的金融标准宣传、培训、讲座、研讨和解读,提高消费者的认知程度,扩大金融标准的影响力。

(四)强化监督检查,构建金融标准评价机制

一是要重点开展银行营业网点服务规范、银行业产品说明书描述规范、金融业信息系统机房动力系统规范、商业银行内部控制评价指南、移动终端支付可信环境技术规范、金融服务信息安全指南、证券期货业信息系统审计指南等重点金融标准对标达标,全面提升金融标准化程度和服务质量;二是要开展金融标准实施评价,探索建立金融标准实施情况检查、考核机制,量化评价金融标准的应用效果;三是要加强第三方评估,落实浙江省金融工作的绩效评价工作,制定评价细则,设置相应测评点和赋分度,合理设计评估方案、评价细则;四是要强化金融标准实施与事后评价,完善行业组织、社会公众、媒体、消费者等多方参与的标准实施监督体系。

(本报告由浙江大学金融研究院提供)

附录一　2019 年度浙江省促进金融业发展的政策汇编

浙江省数字经济发展领导小组关于印发
《浙江省新兴金融中心建设行动方案》的通知

浙数发〔2019〕4 号

为全面贯彻落实省委、省政府启动新兴金融中心建设的相关要求，促进我省实施数字经济"一号工程"，建设国家数字经济示范省，特制订本行动方案，方案近期到 2022 年，展望到 2035 年。

一、总体要求

（一）指导思想

以习近平新时代中国特色社会主义思想为指导，牢固树立新发展理念，认真贯彻落实省委、省政府"一带一路"枢纽建设、大湾区大花园大通道大都市区建设和数字经济"一号工程"建设要求，抓牢长三角一体化发展上升为国家战略的契机，聚焦聚力高质量竞争力现代化，坚持法治为基、人才为本、风控为要，坚持创新引领、融合带动，大力发展新兴金融，推动传统金融数字化转型，发挥全省各地优势，协同联动，构建现代金融体系，打造国内领先、国际有影响力的新兴金融中心，为建设现代化经济体系、实现"两个高水平"奋斗目标提供坚实的金融保障。

(二)发展格局

打造集金融科技、网络金融安全、网络金融产业、移动支付等于一体的新兴金融中心,加快形成以"一湾、一城、一省、多区"为框架的建设格局。

"一湾",即钱塘江金融港湾。对标全球知名金融中心,重点吸引财富管理机构、私募投资机构、并购金融、普惠金融、绿色金融、金融大数据机构、金融要素市场等新金融业态集聚发展,构建起协同发展的财富管理产业链和新金融生态圈,将钱塘江金融港湾打造成为具有国际影响力、国内优势地位的财富管理和新金融创新中心。

"一城",即杭州国际金融科技之城。重点推进大数据、云计算、人工智能、分布式技术、信息安全技术等在金融领域的融合创新,创新金融科技监管,支持杭州加快区块链产业园、金融科技实验室等重点项目建设,大力发展支付清算、大数据、征信、智能投研等金融科技支柱产业,加快打造杭州国际金融科技中心。

"一省",即移动支付之省。全面推进移动支付的普及应用,在商贸旅游、交通医疗、市政公用、政务服务等领域全面实现移动支付,全面服务城市管理,推进全省"最多跑一次"改革,积极推动全省各地学杭州,力争到2022年实现中心城市全部覆盖,县级城市基本覆盖。

"多区",即区域金融改革试验区。全面统筹推进温州金改、宁波保险创新、台州小微金改、湖州和衢州绿色金改、义乌国际贸易金改、浙江自贸区金融创新、丽水农村金改、绍兴上市公司引领转型升级等特色金融工作,形成多个区域特色明显的新兴金融区域中心城市。

(三)发展目标

到2022年,我省基本建成新兴金融中心,基本满足现代化经济体系的发展需要。

——钱塘江金融港湾建设取得显著进展,成为全国要素密集程度最高的金融集聚区之一,规模化私募基金及各类财富管理机构3000家,管理资产规模1.5万亿元,服务辐射全省乃至长三角地区经济社会发展。

——杭州建成全国领先的金融科技中心,培育并形成以应用驱动的金融科技产业链,形成以产业驱动的金融科技研究平台,培育1—2家具有全球影响力的金融科技企业,培育一批细分领域有影响力的金融科技企业。

——全球领先的"移动支付之省"基本建成,移动支付实现全省城市全覆盖、县城基本覆盖,积极推进技术输出和模式输出,实现移动支付服务全球15亿人。

——多个区域金融改革试点取得重大进展,现代金融业态更加丰富,在普惠金融、绿色金融方面保持全国领先,在综合金改、小微金改、农村金改、政保合作中突出浙江特色,全省金融服务的可得性、便利性和公平性不断增强,为全国各细分领域的金融改革输出可复制、可推广的经验。

——金融产业贡献更加突出。到2022年,传统金融与新兴金融业态稳步发展,金融业增加值超过4000亿元,金融业利润超过2200亿元,金融业税收超过1000亿元,金融从业人员超过50万人。2022年—2035年,新兴金融中心建设深入推进,建成杭州国际金融科技中心,集聚资源能力和竞争力进一步增强。

二、工作重点

(一)深入推进钱塘江金融港湾建设,成为全省金融要素集聚高地。

1.规范发展私募金融。以金融特色小镇为主要集聚发展平台,引进和培育一批具有标志性、影响力的私募基金,吸引国内外知名机构在我省发起设立或合作发展私募基金。着力优化私募金融生态圈,鼓励私募金融"募、投、管、退"形成专业化分工与合作,探索建立以私募股权、私募基金份额为主要交易内容的区域性私募权益市场,不断完善资金募集平台、项目资源匹配、市场退出渠道等功能,促进私募金融产业集聚。(责任单位:浙江省地方金融监管局、中国证监会浙江监管局、浙江省发展改革委)

2.大力发展并购金融。以白沙泉并购金融街区为主要集聚平台,进一步吸引优质并购金融要素机构入驻与集聚,提升集聚区能级和竞争力,增强集聚区对区域产业发展与科技创新的带动和辐射,加快形成"功能+集聚+产业"并购金融价值链,加大并购金融对实体经济的服务力度。鼓励上市公司根据发展需要开展区域产业并购整合和产业链上下游并购,推动以获取高端技术、人才、品牌、营销渠道为主要目的的跨国并购。支持设立并购项目落地产业园,加快形成"基金＋基地＋创新创业"模式,不断优化并购生态圈,引导金融脱虚向实,放大并购金融对实体经济的溢出效应。(责任单位:浙江省地方金融监管局、中国证监会浙江监管局、浙江省商务厅)

3.打造协同发展的新金融生态圈。依托钱江金融大数据创新基地和钱江新金融众创空间,推进金融小镇与产业小镇互动发展,集聚创新培育一批以数据、技术、服务为内容的金融大数据创新企业和平台,探索金融与互联网、创新创业、人工智能、数据科技、生态保护等融合发展的"金融＋"创新模式,形成金融总部、财富管理、私募基金、金融大数据产业和新金融产业协同发展的生态圈,切实提升金融服务实体经济的能力。(责任单位:省地方金融监管局、人行杭州中心支行、中国银保监会浙江监管局、中国证监会浙江监管局)

(二)打造杭州国际金融科技中心,巩固金融发展新优势。

1.推进核心技术在金融领域的创新应用。加快大数据、人工智能、分布式技术、信息安全技术等在金融领域的融合创新,推进金融云平台、大数据信用体系等金融科技基础设施建设,创新金融科技监管。重点支持智能移动支付、数字普惠金融、分布式金融服务、金融IT服务和智能投顾等相关领域优势产业及其应用的创新,推进金融科技在经济生活服务和城市治理等领域的应用,培育一批细分领域有影响力的金融科技企业,并努力培养成为单打冠军。(责任单位:省地方金融监管局、省科技厅、人行杭州中心支行、中国银保监会浙江监管局、中国证监会浙江监管局)

2.搭建促进金融科技发展的支撑平台。重点支持浙江大学、西湖大学、之江实验室、阿里达摩院等基础性科学研究平台发展,大力推动中钞区块链技术研究院等专业平台建设,加强在金融科技相关领域的应用研究和人才培养,促进一批国际领先的金融科技核心技术转化与应用落地,不断夯实提升杭州发展金融科技的支撑力和后发力。高质量办好全球金融科技创新博览大会,加强金融科技国际交流合作,培育引进一批具有全球竞争力的新金融组织。(责任单位:省地方金融监管局、省科技厅、人行杭州中心支行、中国银保监会浙江监管局、中国证监会浙江监管局)

3.推动传统金融机构数字化发展。鼓励银行、证券、保险等传统金融机构,在风险可控的前提下,积极应用新技术创造新业务模式、流程或产品,探索在征信、数字票据、支付清算、贸易金融、供应链融资、智能投顾、保险理赔、智能风控等多样化金融场景的数字化解决方案,帮助民营企业、中小微企业拓宽融资渠道,提高数字化金融服务水平。引导传统金融机构与金融科技公司稳妥有序开展业务合作,提升金融服务效率和安全;充分应用新技术,建设金融大数据服务中心,开展金融标准创新建设试点。(责任单位:人行杭州中心支行、省地方金融监管局、中国银保监会浙江监管局、中国证监会浙江监管局)

(三)深入推进"移动支付之省"建设,打造浙江发展新名片。

1. 推进技术和应用创新。探索利用分布式、云计算等新技术优化移动支付服务基础设施,推动生物识别、物联网、计算机视觉、自然语言处理等技术在移动支付领域的融合创新,不断提升支付服务便捷性、安全性和智能化。秉承开放、公平、多元理念,在全省鼓励支持手机 Pay、二维码、无感支付、生物识别支付等多样化移动支付方式发展,结合零售新业态、行业数字化发展需求,创新移动支付新产品和服务,满足消费者在各类场景下多元化的移动支付需求。(责任单位:人行杭州中心支行、省地方金融监管局、中国银保监会浙江监管局)

2. 推进应用普及普惠。以杭州为样板,引领全省各地全面推进"移动支付"在商贸旅游、交通医疗、市政公用、政务服务等领域的普及和应用,并下沉至县城、乡镇,让农民同享移动支付的便利,促进城乡金融服务一体化发展,到 2022 年实现全省移动支付人口覆盖率达到 70% 以上。积极向长三角地区输出移动支付应用的经验和模式,增强城市交通等公共设施互联互通,进一步推进长三角地区支付一体化发展。(责任单位:人行杭州中心支行、省地方金融监管局、中国银保监会浙江监管局)

3. 推进支付清算领域国际化发展。依托新金融服务龙头企业,建设跨境电子商务金融结算平台,扩大金融服务跨境合作,推进美国运通公司与连连集团合资设立的银行卡清算机构筹建和发展,积极引入服务中小企业的创新模式。支持构建全球化的移动支付体系,申请境外相关支付业务牌照,积极向海外输出技术和商业模式。(责任单位:人行杭州中心支行、省地方

金融监管局、省商务厅、中国银保监会浙江监管局)

(四)深入推动多区域金改,推进新兴金融全域协同发展。

1.大力发展数字普惠金融。以温州金改、台州小微金改、丽水农村金改等区域金融改革为重要抓手,深入推进全省普惠金融发展,充分发挥数字技术在提高金融服务覆盖率、可得性和满意度等方面的作用,加强数字普惠金融技术的开发和推广,推进"村村通"工程等普惠金融基础设施建设和政策性担保等增信体系建设,推动形成包括金融机构、非银行支付机构、电子商务平台、征信企业以及各应用企业在内的数字普惠金融产业链,争取实现融资服务、支付服务、风险防控和金融教育等领域对各类群体的全覆盖。到 2022 年,建立与人民群众日益增长的金融服务需求相匹配的普惠服务和保障体系,率先在宁波建立覆盖全面、服务精准、技术安全、可持续的数字普惠金融体系。(责任单位:省地方金融监管局、人行杭州中心支行、中国银保监会浙江监管局)

2.大力发展绿色金融。以湖州市、衢州市绿色金融改革创新试验区建设为契机,加强绿色金融组织建设,培育一批绿色金融专营机构。探索区域绿色金融标准,积极推动绿色金融产品和服务、风险防范等方面标准的创新和实施。支持金融机构发行绿色金融债券,鼓励绿色龙头企业、优势企业对接多层次资本市场,拓宽多元化融资渠道。建立健全绿色项目识别机制,定期开展绿色项目推荐、遴选和认定工作。到 2022 年,绿色信贷余额占全部贷款余额的比重稳步上升,严控"两高一剩"行业融资规模,初步构建服务绿色产业、具有地方特色、组织体系完备、产品服务丰富、政策协调顺畅、基础设施完善、稳健安全运行的绿色金融体系,有力支持全省绿色发展。(责任单位:省地方金融监管局、人行杭州中心支行、中国银保监会浙江监管局)

3.持续推进保险与经济社会融合发展。持续深化政保合作,积极拓展各类与公众利益关系密切的责任保险、农业保险等,充分运用保险工具,深化社会治理,支持经济转型升级,服务"三农"和民生保障。大力推进保险业创新发展,积极发展绿色保险、科技保险、互联网保险等业务,发挥全国首家专业性科技保险公司等机构的作用,加快现代保险服务业发展。继续推动宁波国家保险创新综合试验区建设,打造"保险全产业链",加快建设宁波国家保险创新产业园,重点推进保险科技产业园、中国保险博物馆等项目,进一步优化保险创新环境,打造保险创新全要素生态体系,争取在保险服务内容和方式上实现更多创新突破。到2022年,建立起与经济社会发展水平相适应的现代保险服务业,为全国保险业服务经济社会发展提供可复制、可推广的经验。(责任单位:省地方金融监管局、中国银保监会浙江监管局)

4.支持多样化的金融工具规范发展。支持优质民营企业在全国银行间市场发行债务融资工具,引导推动省内民营企业参与债券融资支持工具,并努力扩大发行规模。推进区域性股权交易市场创新发展,打造中小微企业多元化综合性直接融资平台。支持金融机构依法合规探索地方金融资产交易市场,丰富交易品种,优化交易制度。鼓励期货公司参与多层次衍生品市场体系建设。规范发展对冲基金、期货、期权等金融衍生品工具。支持企业通过定向增发、发行公司债、可转债、优先股、开展资产证券化业务等多元化直接融资工具满足资金需求,推进新旧动能转化和产业升级。鼓励企业运用信用风险缓释工具等进行信用保护,以市场化方式提高融资效率。(责任单位:省地方金融监管局、省发展改革委、人行杭州中心支行、中国银保监会浙江监管局、中国证监会浙江监管局)

5.推进金融业国际化。抓住国家进一步开放金融业的大趋势,积极对接上海国际金融中心,加强与世界银行、亚洲基础设施投资银行、金砖国家开发银行等合作,吸引国际机构到浙江设立机构并开展业务。加快推进舟山自贸区金融创新,以油品等大宗商品贸易为突破口,推进跨境人民币结算示范区建设。支持浙江丝路产业投资基金等"一带一路"基金发展,深化投资领域双向开放,探索建设创业投资综合改革试验区。积极争取在跨境双向投资(如 QFLP 等)获得国家的相关政策支持,争取引进国际金融机构或中介机构。(责任单位:省地方金融监管局、省商务厅、人行杭州中心支行、中国银保监会浙江监管局、中国证监会浙江监管局)

三、保障措施

(一)加强协调合作。成立新兴金融中心专项工作小组,加强新兴金融中心建设的统筹协调、融合推进。同时,指导有关市县加强政策支持,发挥好相关金融机构、社会组织和学术机构作用,合力推动新兴金融中心建设。(责任单位:省地方金融监管局、省委人才办、省发展改革委、省科技厅、省财政厅、省商务厅、人行杭州中心支行、中国银保监会浙江监管局、中国证监会浙江监管局)

(二)优化金融法治环境。强化法制保障,推动《浙江省地方金融条例》加快出台,推动地方金融监管、风险防范与处置、金融产业促进等体制机制建设,形成与新兴金融中心相适应的法治环境。加强金融信用环境建设,推动各级公共信用信息平台建设,严厉打击恶意逃废金融债权、非法集资等严重违法行为,积极开展征信市场培育工作,加大守信激励和失信惩戒力度,营造良好的金融信用环境。(责任单位:省地方金融监管局、省发展改革委、人行杭州中心支行、中国银保监会浙江监管局、中国证监会浙江监管局)

(三)强化人才队伍建设。推进《浙江省金融产业人才发展规划》实施,培养一支数量充足、结构合理、素质优良、具有市场核心竞争力的现代金融人才队伍,形成金融人才引进培养使用的市场化运行激励约束机制和良好的人才成长环境,加强人才保障。到2022年,力争培育一批有影响力的金融专项人才。(责任单位:省地方金融监管局、省委人才办、人行杭州中心支行、中国银保监会浙江监管局、中国证监会浙江监管局)

(四)加大政策扶持力度。不断创新和优化金融产业政策,构建支持多元化金融机构集聚、多层次金融人才引进培育、多渠道金融产业配套的政策体系,打造良好金融生态环境。省、市、县三级加强对新兴金融中心各项任务建设的政策支持。(责任单位:省地方金融监管局、中国人民银行杭州中心支行、中国银保监会浙江监管局、中国证监会浙江监管局、省财政厅)

(五)加强金融风险防控。加快建设全省金融风险"天罗地网"监测防控系统,重点加强对从事非法集资活动、互联网金融、私募金融、交易场所、小额贷款公司等领域的风险监测、预警和处置。创新金融科技监管,运用大数据、区块链等新技术,对新金融业态、产品等探索开展金融科技监管沙盒,加强金融风险的有效管控。(责任单位:省地方金融监管局、人行杭州中心支行、中国银保监会浙江监管局、中国证监会浙江监管局)

附录二　2019年度浙江省主要经济金融指标

表1　2019年浙江省主要存贷款指标

指标	1月	2月	3月	4月	5月	6月	7月	8月	9月	10月	11月	12月
金融机构各项存款余额/亿元	120498.9	120649.8	123181.3	123496.4	124167.5	126923.9	125219.9	126620.8	128625.3	128915.6	130389.2	131298.5
其中:住户存款/亿元	50697.6	50560.6	51080.4	50684.6	50857.2	51762.8	51571.9	51748.7	52925.0	52381.2	52774.6	53733.3
非金融企业存款/亿元	39581.6	39030.0	41083.3	41159.4	41334.4	43220.5	41844.2	42363.9	43594.7	43568.7	44840.8	45375.1
各项存款余额比上月增加/亿元	3927.8	150.9	2531.5	315.2	671.0	2756.5	-1704.1	1400.9	2004.5	290.3	1473.6	909.3
金融机构各项存款同比增长/%	8.9	10.3	11.6	11.6	11.7	12.4	11.1	11.1	11.6	11.6	11.4	12.7
金融机构各项贷款余额/亿元	108879.6	109538.0	111201.0	111953.4	113136.7	114638.1	115574	117004.1	118617.7	119497.2	120876.8	121750.6
其中:短期/亿元	43869.2	43755.5	44621.4	44636.3	44882.9	45615.2	45609.5	46072.7	46674.7	46735.1	47129.9	47506.2
中长期/亿元	59258.6	59749.5	60580.9	61315.5	62052	62703.9	63471.1	64197.3	65075.3	65769.6	66720.8	67577.7
票据融资/亿元	3702.1	3985.4	3995.2	3954.9	4081.0	4247.8	4310.1	4584.4	4732.6	4777.8	4709.8	4393.8
各项贷款余额比上月增加/亿元	2936.6	658.4	1663.0	752.4	1183.4	1501.5	935.9	1430.8	1612.9	879.6	1379.6	873.7
其中:短期/亿元	882.7	-113.7	865.9	14.9	246.6	732.2	-5.7	463.2	602.1	60.3	394.8	376.3
中长期/亿元	1561.0	490.9	831.4	734.6	736.4	652.0	767.2	726.1	878.0	694.3	951.2	856.9
票据融资/亿元	431.3	283.3	9.8	-40.3	126.1	166.8	62.3	274.4	148.1	45.2	-68.0	-315.9
金融机构各项贷款同比增长/%	18.1	17.6	18.3	17.8	17.8	17.2	16.4	16.1	15.8	15.3	15.1	15.1
其中:短期/%	10.6	9.7	11.4	10.4	10.3	10.5	10.1	10.9	11.0	9.8	9.6	8.8
中长期/%	21.2	20.4	20.4	20.1	20.0	19.0	18.1	17.0	16.8	16.9	17.5	18.9
票据融资/%	94.9	110.5	112.4	119.4	121.7	113.0	95.7	85.5	77.7	71.0	46.9	34.3

（本外币）

续表

指标		1月	2月	3月	4月	5月	6月	7月	8月	9月	10月	11月	12月
本外币	建筑业贷款余额/亿元	3136.0	3180.4	3203.5	3249.8	3305.3	3319.6	3317.2	3302.8	3288.4	3300.3	3354.6	3349.0
	房地产业贷款余额/亿元	5368.1	5510.8	5614.7	5696.5	5816.6	5927.2	5980.7	6046.7	6047.0	6060.7	6134.8	6223.7
	建筑业贷款同比增长/%	5.9	6.3	7.4	7.7	9.7	10.6	9.8	8.9	7.1	7.9	9.9	10.9
	房地产业贷款同比增长/%	41.2	39.7	37.1	34.5	33.4	29.8	27.8	27.7	24.9	23.6	21.4	21.6
人民币	金融机构各项存款余额/亿元	117797.1	117738.3	120270.8	120746.4	121480.4	124167.4	122545.6	123951.4	125881.8	126096.9	127616.2	128258.1
	其中:住户存款/亿元	50077.6	49931.8	50448.7	50051.8	50223.3	51144.1	50961.9	51153.2	52328.3	51786.7	52175.5	53132.7
	非金融企业存款/亿元	37824.3	37207.5	39308.4	39506.0	39774.4	41592.5	40279.9	40842.7	42009.7	41912.8	43225.5	43681.8
	各项存款余额比上月增加/亿元	4012.4	−58.8	2532.4	475.7	734.0	2686.9	−1621.7	1405.8	1930.4	215.1	1519.3	641.9
	其中:住户存款/亿元	4208.9	−145.8	516.9	−397.0	171.6	920.8	−182.2	191.2	1175.2	−541.6	388.8	957.1
	非金融企业存款/亿元	165.0	−616.8	2100.9	197.7	268.4	1818.1	−1312.6	562.8	1167.0	−96.9	1312.7	456.3
	各项存款同比增长/%	9.8	11.0	12.4	12.3	12.3	13.0	11.7	11.7	12.0	11.9	11.7	12.8
	其中:住户存款/亿元	21.9	16.6	17.5	19.7	19.1	18.3	18.3	17.9	17.4	16.6	15.6	16.0
	非金融企业存款/亿元	4.3	9.6	11.1	9.7	10.5	12.8	11.0	11.5	14.1	13.7	15.0	16.0
	金融机构各项贷款余额/亿元	107270.3	107922.8	109677.9	110473.0	111616.5	113149.5	114098.3	115500.2	117153.5	118022.5	119382.3	120289.3
	其中:个人消费贷款/亿元	30107.6	29917.0	30475.5	30758.9	31106.4	31612.3	32101.6	32684.4	33309.1	33799.6	34294.8	34831.6
	票据融资/亿元	3702.1	3985.4	3995.2	3954.9	4081.0	4247.8	4310.1	4584.4	4732.6	4777.8	4709.8	4393.8

续表

指标		1月	2月	3月	4月	5月	6月	7月	8月	9月	10月	11月	12月
人民币	各项贷款余额比上月增加/亿元	3004.4	652.5	1755.1	795.2	1143.4	1533.1	948.7	1402	1653.6	868.9	1359.8	907.0
	其中:个人消费贷款/亿元	530.2	-190.7	558.6	283.4	347.5	505.9	489.3	582.8	624.7	490.5	495.2	536.7
	票据融资/亿元	431.3	283.3	9.8	-40.3	126.1	166.8	62.3	274.4	148.1	45.2	-68.0	-315.9
	金融机构各项贷款同比增长/%	18.5	18.0	18.8	18.3	18.3	17.8	17.1	16.7	16.4	15.8	15.5	15.6
	其中:个人消费贷款/亿元	28.9	26.7	26.6	25.3	24.2	23.0	22.2	21.7	20.7	19.0	18.3	18.4
	票据融资/亿元	94.9	110.5	112.4	119.4	121.7	113.0	95.7	85.5	77.7	71.0	46.9	34.3
外币	金融机构外币存款余额/亿美元	403.1	435.2	432.2	408.7	389.5	401.0	388.5	376.6	387.9	399.6	394.5	435.8
	金融机构外币存款同比增长/%	-25.0	-18.6	-17.8	-15.7	-16.9	-12.3	-11.8	-13.2	-8.0	-1.6	-2.3	7.4
	金融机构外币贷款余额/亿美元	240.1	241.4	226.2	220.0	220.4	216.5	214.4	212.3	207.0	209.1	212.6	209.5
	金融机构外币贷款同比增长/%	-8.5	-11.5	-14.9	-18.0	-18.4	-21.0	-20.2	-20.2	-21.6	-17.4	-11.3	-14.2

数据来源:中国人民银行杭州中心支行。

表 2 2001—2019 年浙江省各类价格指数　　　　　　　　单位:%

年份	月份	居民消费价格指数		农业生产资料价格指数		工业生产者购进价格指数		工业生产者出厂价格指数	
		当月同比	累计同比	当月同比	累计同比	当月同比	累计同比	当月同比	累计同比
2001		—	−0.2	—	−0.3	—	−0.4	—	−1.7
2002		—	−0.9	—	−0.5	—	−2.5	—	−3.1
2003		—	1.9	—	2.9	—	5.8	—	0.6
2004		—	3.9	—	3.2	—	13.4	—	5.0
2005		—	1.3	—	5.8	—	5.4	—	2.3
2006		—	1.1	—	−0.4	—	5.6	—	3.8
2007		—	4.2	—	7.3	—	5.3	—	2.4
2008		—	5.0	—	18.9	—	10.6	—	4.3
2009		—	−1.5	—	−4.1	—	−7.4	—	−5.1
2010		—	3.8	—	3.0	—	12.0	—	6.2
2011		—	5.4	—	10.8	—	8.3	—	5.0
2012		—	2.2	—	4.2	—	−3.3	—	−2.7
2013		—	2.3	—	2.8	—	−2.3	—	−1.8
2014		—	2.1	—	−0.9	—	−1.8	—	−1.2
2015		—	1.4	—	0.9	—	−5.5	—	−3.6
2016		—	1.9	—	−0.5	—	−2.2	—	−1.7
2017		—	2.1	—	1.8	—	9.6	—	4.8
2018		—	2.3	—	1.8	—	5.1	—	3.4
2019		—	2.9	—	2.9	—	−2.9	—	−1.1
2018	1	1.7	1.7	1.8	1.8	6.7	6.7	4.1	4.1
	2	3.3	2.5	1.5	1.6	5.6	6.2	3.5	3.8
	3	2.3	2.4	1.2	1.5	4.6	5.6	3.0	3.5
	4	2.2	2.4	1.2	1.4	4.6	5.4	3.4	3.5
	5	1.8	2.3	1.1	1.4	5.6	5.4	4.3	3.7
	6	2.0	2.2	1.6	1.4	6.6	5.6	4.7	3.8
	7	2.0	2.2	1.6	1.4	6.7	5.8	4.4	3.9

续表

年份	月份	居民消费价格指数		农业生产资料价格指数		工业生产者购进价格指数		工业生产者出厂价格指数	
		当月同比	累计同比	当月同比	累计同比	当月同比	累计同比	当月同比	累计同比
2019	8	2.2	2.2	1.8	1.5	6.1	5.8	4.1	3.9
	9	2.9	2.3	2.3	1.6	5.3	5.7	3.7	3.9
	10	2.8	2.3	3.3	1.7	4.6	5.6	3.0	3.8
	11	2.2	2.3	2.5	1.8	3.4	5.4	2.2	3.7
	12	2.0	2.3	1.7	1.8	1.2	5.1	0.9	3.4
	1	2.1	2.1	0.8	0.8	−1.0	−1.0	−0.1	−0.1
	2	1.6	1.9	0.6	0.7	−1.5	−1.2	−0.4	−0.2
	3	2.5	2.1	0.3	0.6	−1.1	−1.2	−0.1	−0.2
	4	2.7	2.2	0.6	0.6	−0.8	−1.1	0.5	0.0
	5	3.2	2.4	1.7	0.8	−1.6	−1.2	0.0	0.0
	6	2.7	2.5	2.3	1.0	−2.8	−1.5	−0.8	−0.1
	7	2.9	2.5	2.7	1.3	−3.5	−1.7	−1.0	−0.3
	8	3.1	2.6	3.6	1.6	−4.1	−2.0	−1.8	−0.5
	9	2.9	2.6	4.6	1.9	−4.7	−2.3	−2.3	−0.7
	10	3.1	2.7	5.0	2.2	−5.0	−2.6	−2.5	−0.8
	11	3.9	2.8	5.9	2.6	−4.9	−2.8	−2.5	−1.0
	12	3.9	2.9	6.5	2.9	−3.5	−2.9	−1.8	−1.1

数据来源:浙江省统计局。

表3　2019年浙江省主要经济指标

	指标	1月	2月	3月	4月	5月	6月	7月	8月	9月	10月	11月	12月
绝对值（自年初累计）	地区生产总值/亿元	—	—	13084.1	—	—	28256.3	—	—	43198.5	—	—	62352.0
	第一产业/亿元	—	—	311.0	—	—	872.5	—	—	1330.3	—	—	2097.0
	第二产业/亿元	—	—	5233.0	—	—	11594.5	—	—	17837.7	—	—	26567.0
	第三产业/亿元	—	—	7540.0	—	—	15789.4	—	—	24030.5	—	—	33688.0
	工业增加值/亿元	1336.5	2088.0	3477.9	4726.0	6198.0	7632.5	8946.0	10255.5	11685.6	13037.9	14540.2	16156.7
	固定资产投资/亿元	—	—	—	—	—	—	—	—	—	—	—	—
	房地产开发投资/亿元	—	1205.3	2133.9	2965.3	3921.2	5166.9	6043.0	6960.0	8055.5	8984.1	9958.1	10683.0
	社会消费品零售总额/亿元	—	4190.9	6214.8	8167.6	10345.8	12667.0	14814.0	17051.0	19342.0	21925.0	24547.0	27176.0
	外贸进出口总额/亿元	—	4562.5	6635.7	9000.6	11685.3	14089.7	17064.2	19754.8	22430.7	24988.8	27674.7	30831.9
	进口/亿元	—	1149.5	1721.0	2398.9	3050.2	3605.3	4240.5	4889.6	5601.0	6247.6	6964.5	7762.1
	出口/亿元	—	3413.0	4914.9	6601.7	8635.1	10484.4	12823.7	14865.2	16829.7	18741.2	20710.2	23069.8
	进出口差额（出口－进口）/亿元	—	2263.5	3193.7	4202.8	5584.9	6879.1	8583.2	9975.6	1228.7	12493.6	13745.7	15307.7
	实际利用外资/亿美元	53.6	26.3	39.8	45.6	56.5	69.5	78.4	89.8	109.4	113.8	125.6	135.6
	地方财政收支差额/亿元	—	−79.1	−271.0	−210.8	−164.3	−729.5	−619.7	−720.1	−1276.8	−1389.7	−1909.2	−3005.0
	地方财政收入/亿元	1027.6	1604.3	2278.3	3010.3	3638.7	4366.5	5028.4	5485.6	6009.0	6365.3	6599.7	7048.0
	地方财政支出/亿元	974.0	1683.5	2549.3	3221.1	3803.0	5096.0	5648.1	6205.7	7285.3	7755.0	8508.9	10053.0
	城镇登记失业率（季度）/%	—	—	2.6	—	—	2.6	—	—	2.6	—	—	2.5

续表

指标		1月	2月	3月	4月	5月	6月	7月	8月	9月	10月	11月	12月
地区生产总值	同比累计增长率/%	—	—	7.7	—	—	7.1	—	—	6.6	—	—	6.8
第一产业		—	—	1.5	—	—	1.6	—	—	1.7	—	—	2.0
第二产业		—	—	7.9	—	—	6.1	—	—	5.7	—	—	5.9
第三产业		—	—	7.8	—	—	8.3	—	—	7.6	—	—	7.8
工业增加值		—	3.6	8.9	6.9	6.1	6.2	6.0	5.8	5.8	5.9	6.2	6.6
固定资产投资		—	8.7	9.0	9.2	9.5	9.7	9.8	9.8	10.1	10.1	10.2	10.1
房地产开发投资		—	19.3	12.3	11.3	9.9	7.8	7.7	7.7	8.1	7.9	7.4	7.4
社会消费品零售总额		—	8.2	8.6	8.3	8.5	9.3	8.8	8.6	8.5	8.5	8.6	8.7
外贸进出口总额		—	-0.3	6.8	7.3	7.4	5.7	8.1	7.3	6.3	6.3	6.2	8.1
进口		—	7.6	1.8	6.1	4.8	3.3	3.1	2.6	2.8	2.5	3.1	5.8
出口		—	-2.7	8.6	7.7	8.4	6.6	9.9	8.9	7.5	7.7	7.2	9.0
实际利用外资		—	14.1	9.3	2.9	9.0	4.8	6.1	11.1	18.7	7.8	7.8	8.7
地方财政收入		13.5	13.3	13.0	12.5	11.5	10.3	9.8	9.1	8.1	7.7	6.6	6.8
地方财政支出		—	28.2	25.3	24.7	19.3	16.0	14.9	13.8	15.0	14.7	14.6	16.5

数据来源：浙江省统计局。

图书在版编目（CIP）数据

 浙江金融发展报告：蓝皮书. 2020 / 汪炜，章华主编. 浙江省金融业发展促进会，浙江大学金融研究院，浙江省金融研究院编.—杭州：浙江大学出版社，2020.12

 （浙江金融发展报告系列丛书）

 ISBN 978-7-308-20871-0

 Ⅰ.①浙… Ⅱ.①汪… ②章… ③浙江… ④浙江…⑤浙江… Ⅲ.①地方金融事业—经济发展—研究报告—浙江—2020 Ⅳ.①F832.755

 中国版本图书馆 CIP 数据核字（2020）第 241142 号

浙江金融发展报告——蓝皮书（2020）

汪　炜　章　华　主编

责任编辑	陈佩钰（yukin_chen@zju.edu.cn）
封面设计	续设计
出版发行	浙江大学出版社
	（杭州市天目山路 148 号　邮政编码 310007）
	（网址：http://www.zjupress.com）
排　　版	杭州中大图文设计有限公司
印　　刷	杭州良诸印刷有限公司
开　　本	710mm×1000mm　1/16
印　　张	10.75
字　　数	166 千
版 印 次	2020 年 12 月第 1 版　2020 年 12 月第 1 次印刷
书　　号	ISBN 978-7-308-20871-0
定　　价	68.00 元
